이 책은 출애굽기의 출애굽 구원 사건을 하나님의 구원을 풍성하게 예시하는 범례로 삼아 신구약 66권을 관통하며 해석하고 있다. 출애굽 구원 주제를 중심으로 한 성경통독 안내서로서, 특히 다음과 같은 질문을 가진 독자들에게 유익한 책이다. 첫째, 이미 예수님의 십자가 보혈로 구원을 받은 신약 성도들에게 구약성경이 무슨 의미가 있는가? 둘째, 모세의 출애굽 구원 이야기와 예수 그리스도의 자기희생적 인류구원 이야기에 무슨 관련성이 있는가? 전자는 유혈낭자하고 폭력적인 전쟁이야기로 가득 차 있으며 후자는 모든 인간을 무장해제시키는 하나님의 지극히 평화로운 희생의 사랑으로 가득 차 있지 않은가? 모세와 예수님은 무슨 상관이 있는가? 또한 이 책은 예수님의 십자가 구원이 인류 전체에게 확장된 출애굽 구원, 즉 죄와 사망의 노예살이에서 해방시키는 사역임을 매우 설득력 있게 주장한다.

김회권 | 숭실대학교 기독교학과 교수

출애굽은 이스라엘 백성의 역사 가운데 있었던 하나의 이야기일 뿐 아니라 그들의 정체성과 목적을 결정하는 이야기였다. 그런데 이 책은 출애굽이 이스라엘 백성뿐 아니라 우리, 즉 현대 그리스도인들의 정체성과 목적을 결정하는 이야기라고 말해 준다. 또한 출애굽 이야기가 창세기부터 요한계시록을 하나로 꿰뚫어 아우르고 설명하는 주제임을 상기시킨다. 우리는 우리 문화권에서 나름의 방식으로, 미처 눈치채지도 못한 방식으로 억압하거나 억압당한다. 그런 의미에서 우리는 때로 바로가 되기도 하고 노예가 되기도 한다. 하지만 성경이 말하는 더 나은 모세, 예수 그리스도는 이러한 문화와 사회에서 억압하고 억압당하기도 하는 우리를 구원해 내신다. 저자들은 출애굽 모티프를 통해 성경 전체를 조망하는 '하나의 성경신학'(a Biblical Theology)을 안내하지만, 독자들은 이것을 넘어 성경과 복음, 그리스도인의 삶 전체를 자세히 이해하는 '바로 그 신학'(the Theology)을 발견하게 될 것이다.

이정규 | 시광교회 담임목사

나는 이 책과 같이 성경을 생생하게 전해 주는 책들을 귀중히 여긴다. 성경신학을 다루는 책들은 마땅히 이러해야 한다. 로버츠와 윌슨의 이 책은 나에게 성경에 관해 많은 내용을 가르쳐 주었으며, 이를 통해 하나님의 말씀 전체에 흐르는 출애굽의 주제를 새롭게 인식하게 되었다. 『출애굽의 메아리』는 신학교 교수와 설교자, 성경공부 인도자 등에게 사랑받는 책이 될 것이다.

마크 존스 | 페이스 장로교회 목사

로버츠와 윌슨은 출애굽이 지나간 사건 이상의 의미를 담고 있음을 보여주며, 출애굽이 성경의 줄거리와 신자의 삶을 형성하는 하나의 패러다임이라고 주장한다. 풍성한 성경신학과 아름다운 글쓰기가 하나로 어우러진 이 책은 약속된 새 하늘과 새 땅을 사모하는 모든 독자의 가슴을 뛰게 만들 것이다.

매튜 S. 하먼 | 그레이스 신학교 신약학 교수

알라스테어 로버츠와 앤드루 윌슨이 놀라운 책을 썼다. 그들은 이 적은 분량의 압축적이고 명쾌한 책에서, 창세기부터 요한계시록까지 담겨 있는 성경의 주요 주제인 출애굽을 탐구한다. 또한 성경이 음악적인 성격을 지니고 있다고 언급하는데, 이는 독자들의 마음속에 잊히지 않는 출애굽의 메아리들을 울려 퍼지도록 인도할 것이다. 이 책 『출애굽의 메아리』는 그저 독자들에게 출애굽 사건에 관한 내용을 알려 주는 데 그치지 않고, 성경 자체를 읽는 법을 가르쳐 준다. 이 책을 공부하는 동안 독자들은 하나님의 멜로디들을 조화롭게 듣는 법을 익히게 될 것이다.

피터 레이하르트 | 테오폴리스 연구소 대표

출애굽의 메아리

Echoes of Exodus

by Alastair J. Roberts and Andrew Wilson

출애굽의 메아리

● 성경 전체에 울려 퍼지는 구속의 선율

○ 알라스테어 로버츠·앤드루 윌슨 지음

○ 송동민 옮김

복 있는 사람

출애굽의 메아리

2020년 12월 28일 초판 1쇄 발행
2024년 11월 22일 초판 2쇄 발행

지은이 알라스테어 로버츠 · 앤드루 윌슨
옮긴이 송동민
펴낸이 박종현

(주) 복 있는 사람
주소 서울특별시 마포구 연남동 246-21(성미산로23길 26-6)
전화 02-723-7183(편집), 7734(영업·마케팅)
팩스 02-723-7184
이메일 hismessage@naver.com
등록 1998년 1월 19일 제1-2280호

ISBN 979-11-7083-205-8 03230

이 도서의 국립중앙도서관 출판예정도서목록(CIP)은
서지정보유통지원시스템 홈페이지(http://seoji.nl.go.kr)와 국가자료공동목록시스템
(http://www.nl.go.kr/kolisnet)에서 이용하실 수 있습니다. (CIP 제어번호: 2020051417)

데릭 리쉬마워와 매트 앤더슨에게

차례

감사의 말

책의 분량은 적지만 내용을 구상하는 데는 오랜 시간이 걸렸다. 이 책을 집필하려는 계획의 씨앗이 우리 생각 속에 처음 뿌려진 것은 톰 라이트와 톰 홀랜드, 제임스 조던, 피터 레이하르트와 그렉 빌, 리처드 헤이스 같은 학자들을 통해서였다. 그리고 이 씨앗이 자라나는 초기에는 데이비드 케네디 같은 학문적 멘토들의 지원을 받았으며, 그 씨앗이 열매를 맺도록 격려한 사람은 바비 제이미슨과 저스틴 테일러였다. 또 타라 데이비스와 에이미 크루이스, 크로스웨이 출판사 편집팀은 그 결과물을 지혜롭게 손질하고 다듬어 주었다.

우리가 이 책을 처음 구상할 때부터 그 내용을 마침내 온전히 표현하기까지, 우리는 다른 이들이 베푼 풍성한 우정의 토양에서 집필의 자양분을 얻었다. 특히 '단순한 충성'Mere Fidelity 팟캐스트를 함께 운영하는 '공범자' 데릭 리쉬마위와 매튜 앤더슨에게 감사한다. 그들은 지난 몇 년간 지혜와 우정, 그리고 함께 나눈 대화를 통해 우리에게 많은 유익을 주었다. 그들에게 이 책을 헌정한다.

출애굽의 메아리[*]

출애굽 사건은 성경의 중심, 복음의 중심, 기독교적인 삶의 중심에 놓여 있다. 우리가 성경의 어떤 책을 읽든지, 어떤 기독교적인 실천에 관여하고 있든지 간에 출애굽의 메아리들은 그 속 어딘가에 자리하고 있다.

이런 사실은 논리적인 논증, 곧 'A이므로 B이며, 따라서 C다'라는 식의 주장을 통해 확증할 수 있는 것이 아니다. 이야기들은 대개 그런 식으로 작동하지 않는다. 우리는 뮤지컬 「웨스트사이

---

* 저자들이 사용한 'echo'는 사전적으로 "다른 무언가를 상기시키는 세부사항 또는 특질"을 의미하며, 음악적인 에코 효과나 '반복'을 뜻하기도 한다. 이 책에서는 'echo'를 주로 '메아리'로 번역했다. 여기서 '메아리'는 흔히 생각하는 '산울림'보다는 음악적 기법에 가깝다.

드 스토리」미국 뉴욕의 슬럼가에서 벌어지는 두 갱단 사이의 갈등을 다룬 뮤지컬—옮긴이 가 셰익스 피어의 희곡 「로미오와 줄리엣」에 기반을 두고 있다는 점을 논리 적으로 입증할 수 없다. 곧 어떤 농담이 재미있음을 입증할 수 없는 것과 마찬가지로, 한 이야기 속에서 울려 퍼지는 다른 이야기의 메아리들 역시 논리적으로 입증할 수가 없는 것이다. 오히려 우리는 그 메아리들을 자신의 귀로 직접 **들어야만** 한다.

　우리가 이 책에서 취하는 접근방식은 바로 그 지점에서 시작된다. 우리는 독자들이 그동안 눈치 채지 못했을지도 모르는 온갖 종류의 연결 고리와 반복되는 노랫가락riff, 그리고 주제들이 성경에 담겨 있다는 점을 여러분에게 확증시키고자 한다. 다만 그 점에 관해 이야기를 늘어놓기보다는 직접 그 사실을 보여줌으로써 이 일을 수행하기를 원한다. 때로 여러분은 우리의 입장에 동의하지 않을 수도 있다. 우리가 무리한 연결을 시도한다거나, 무언가를 놓치고 있다고 생각할 수도 있다. 하지만 여러 가지 측면에서, 그 점은 문제가 되지 않는다. 「라이언 킹」이 셰익스피어의 희곡 「햄릿」에 바탕을 둔 것임을 우리가 모두 인정하는 한, 날라「라이언 킹」의 여주인공—옮긴이 가 오필리아와 반대되는 유형의 인물인지 또는 품바와 티몬「라이언 킹」에 등장하는 주인공의 친구들—옮긴이 의 캐릭터들 가운데서 로젠크란츠와 길덴스턴의 모습이 엿보이는지 등에 관해서는 서로 의견을 달리할 수도 있을 것이다.

　그런데 우리는 일반적으로 이런 메아리들을 더 적게 듣기보다는 오히려 더 많이 듣는 쪽으로 오류를 범하곤 한다.[1] 부분적으로 이것은 그런 연관성들이 실제로 각 본문 안에 존재한다고 여기기 때문이다. 곧 우리는 하나님의 섭리를 통해 본문의 사건들 속에 그런 연관성이 부여되거나, 성경의 저자들이 자신들의 이야기를 기록한 방식들을 통해 그 연관성이 드러난다고 믿곤 한다. 그리고 또 부분적으로는, 성경의 통일성을 더욱 깊이 이해함으로써 21세기의 교회를 더욱 굳건히 세워 갈 수 있는 몇 가지 방식들을 우리가 보게 되기 때문이다. 이는 특히 노예된 상태에서의 속량에 관한 주제를 살필 때 그러하다. 여기서는 그중 네 가지 방식들이 머릿속에 떠오른다.

첫째로 현대의 많은 교회들, 특히 복음주의권 교회들은 뿌리를 잃은 상태에 시달리고 있으며, 이에 따라 우리의 방향과 정체성까지도 쉽게 상실할 수 있는 처지에 있다. 우리는 뿌리와 방향 감각을 잃어버린 시대를 살아가고 있는 것이다.[2] 지금은 참신함과 자신을 드러내는 일들이 지혜와 경험보다 더 높이 평가되고 있다. 이런 흐름은 필연적으로 교회에도 그 영향을 미쳤으며, 그 영향력은 우리가 드리는 예배의 형태뿐 아니라 교회가 지닌 정체성 자체에서도 나타나고 있다. 이런 상황에 놓인 세상 속에서, 바울의 표현처럼 (특히) 구약을 "우리를 위하여 기록된 것"으로 읽는 일보다 우리가 나아갈 길을 찾는 데 더 노움이 되는 방법은 없다(고전 9:10, 롬 15:4, 고전 10:11 참조). 우리는 성경, 그중에서도 특히 출애굽 사건을 그저 **그들만의** 이야기가 아닌 **우리 자신의** 이야기로 바라보아야 한다. 바울은 고린도 교회의 신자들에게 이렇게 언급한다. "우리 조상들이 다 구름 아래에" 있었다(고전 10:1). 그들은 모두 바다 가운데를 통과했으며, 신령한spiritual 음식과 음료를 먹고 마셨다. 그리고 이 일들은 곧 그들의 아득한 손주뻘 되는 **우리를 위한** 본보기로서 일어났다는 것이다(1-6절). 우리는 노르망디 상륙 작전 2차 세계대전의 결정적인 전환기가 된 연합군의 유럽 본토 상륙 작전—옮긴이에 관한 이야기를 읽을 때와 같은 태도로 출애굽 사건에 접근해야 한다. 그것은 우리가 누구인지를 설명해 주는 결정적인 역사적 사건이었던 것이다. 성경의 출애굽 사건은 곧 우리 자신의 집안 이야기이다.

둘째로 우리가 구약과 신약 사이의 연관성을 더 깊이 파악하게 될수록, 구약의 하나님이 예수님 안에서 계시되신 하나님보다 도덕적으로 열등하다든지 이 둘이 반드시 구별되어야만 한다는 개념들에 굴복할 가능성이 줄어들게 된다. 물론 그런 개념들을 드러내놓고 언급하는 이들은 드물지만, 많은 사람들은 이를테면 구약의 가나안 정복과 예수님의 인격 사이의 거리를 가능한 한 멀리 떨어뜨리려 한다. 그들은 마치 예수님이 그 정복을 명령하시는 일은 물론이고 그것을 용인하시는 일까지도 결코 있을 수 없었던 일인 듯이 여긴다. 다른 이들은 더 나아가서 하나님은 어떤 이유에서건 그 누구의 생명도 앗아가지 않으신다고 주장했다. 그러므로 성경에서 어떤 이들이 행한 폭력에 하나님이 연루되는 모든 사례는 (a) 예수님의 가르침과 충돌하며, 따라서 (b) 그것들은 고대의 이스라엘 민족이 만들어 낸 이야기로 여겨야 한다는 것이다.[3] 그러나 출애굽 이야기의 메아리가 성경 전체에 걸쳐 울려 퍼지고 있으며 특히 예수님의 사역과 가르침 가운데서 그러함을 우리가 헤아리면 (위에서 언급한 것과 같은) 온갖 종류의 새로운 마르키온주의들은 그 자신의 허약한 토대를 드러내게 된다.[4]

셋째로 우리의 세대는 참된 자유의 본성에 관해 혼란을 겪고 있다. 우리가 온갖 제약이나 규제, 억압으로부터의 해방을 아무리 자주 경험하든 간에, 우리는 새로운 형태의 속박으로 빠져드는 자신의 모습을 여전히 발견하게 된다. 우리는 지루한 상태에서 해방되지만, 산만함에 예속되어 빠져들고 만다. 금지로부터의 자유를 추구하지만, 중독에 속박되어 굴러 떨어지게 된다. 그리고 욕구를 억누르는 상태로부터 벗어나지만, 반대로 정욕의 노예가 되고 마는 것이다. 또 우리는 고립된 상태에서 풀려나지만, 대신에 또래들의 압력과 인터넷에서 접하는 군중의 영향력에 사로잡히게 된다. 그리고 자신의 본성에 부과된 제약들로부터 자유를 얻으려 하지만, 절제되지 않는 열망에 속박되고 마는 것이다. 우리는 『1984』조지 오웰의 소설. 외적인 억압이 존재하는 미래 세계를 묘사한다—옮긴이 의 세계를 성공적으로 박차고 나오지만, 그저 자신이 『멋진 신세계』올더스 헉슬리의 소설. 내적인 속박이 지배하는 미래 세계를 묘사한다—옮긴이 의 세상 속에 처해 있음을 발견하게 될 뿐이다. 『헝거 게임』수잔 콜린스의 인기 있는 SF 소설—옮긴이 의 이미지를 써서 표현하자면, 우리는 여러 구역들 안에 있는 총과 울타리들로부터 벗어나더라도 그저 '캐피톨'이 소설 속에 등장하는 독재 국가의 수도—옮긴이 에서 지루한 노예 상태에 갇혀 있는 자신의 모습을 보게 될 뿐인 것이다. 이처럼 참된 자유는 그 겉모습을 통해 드러나는 것보다 더욱 복잡한 성격을 띠고 있다.

이 점에 관해 예를 들자면, 21세기 서구 교회는 두 가지 긴급한 윤리적 도전 앞에 직면해 있다. 이 두 도전은 교회를 서로 반대되는 방향으로 끌어당기는 듯이 보인다. 첫 번째 도전은 인종 간의 화해와 정의에 대한 필요성으로, 사회 전반의 문화 속에서 이 문제는 일반적으로 진보적인 대의로 여겨진다. 그리고 두 번째 도전은 성 윤리에 관해 정통적인 입장을 고수할 필요성인데, 이 사안은 대개 보수파의 관심사로 여겨진다. 이런 일들이 논의되는 구도를 세속적인 방식으로 정의할 때, 이 두 목표는 서로 긴장 관계에 있는 것처럼 보인다. 곧 우리 자신이 과거에 품어 온 편견들을 파기하고 모든 이들을 급진적으로 포용하면서 온갖 제약과 규제를 제거하여 자유를 최대화하는 방향을 추구하든지, 아니면 문화적인 압력 앞에 굳건히 맞서면서 선조들의 전통을 보존하며 더 높은 수준의 대의를 위해 사람들의 자유를 제한하는 쪽을 선택하는 것이다. 그러나 이 논의의 구도가 출애굽의 이야기를 통해 형성될 때, 이런 대립의 범주들은 무너지게 된다. 우리의 속량을 위한 이 이야기에서는 '—로부터의 자유'가 '—를 향한 자유'와 서로 뗄 수 없이 연관되어 있다. 하나님께 속한 백성인 우리는 출애굽의 백성이다. 그러므로 우리는 당시 애굽에서 인종적인 이유에 근거해서 진행되었던 억압의 고통이 어떤 것인지를 알며, **이와 동시에** 이스라엘 백성이 광야에서 저질렀던 우상 숭배와 부도덕, 타협의 위험성도 헤아리는 것이다. 우리는 또한 우리 자신이 주님을 **섬기도록**

자유를 얻게 되지 않는다면, 바로를 섬기는 일에서 **벗어나는** 것만 으로는 큰 의미가 없음을 안다. 그러므로 우리의 정체성은 1789 년 프랑스 혁명이 일어난 해—옮긴이 이나 1968년 유럽의 68혁명이 일어난 해—옮긴이 의 범주 들에 근거해서 규정되지 않으며, 진보와 보수, 좌파와 우파의 구 분에 따라 결정되지도 않는다. 오히려 우리는 참된 자유를 추구하 며, 이 가운데는 애굽 또는 금송아지로부터의 자유, 억압 또는 부 도덕으로부터의 자유가 모두 포함된다. 이는 아들이신 그분께서 우리를 자유롭게 하실 때에 우리가 비로소 자유를 얻게 될 것임을 알기 때문이다(요 8:36).

넷째로 여러 가지 이유에서, 오늘날 교회 안의 서로 다른 분 파들은 제각기 속죄에 관한 특정한 이미지나 모델, 또는 그림들을 옹호하는 모습을 보여 왔다. 이에 따라 성경적인 복음이 위축되 었으며, 상당한 분열과 의심이 생겨났다. (어떤 이들은 "나는 '승리 자 그리스도' 모델을 따른다"고 말하며, 또 다른 이들은 "나는 '화목' 모델 을 지지한다"고 이야기한다. 그리고 어떤 이들은 "나는 '대리 형벌' 모델 을 선호한다"고 말하며, 또 다른 이들은 "나는 그리스도께 속했다"고 이 야기하는 것이다.) 이 분파들이 서로에게 보인 반응은 다시금 서로 를 향한 반발을 낳았으며, 우리 신앙의 중심에 있는 이 교리는 다 소 비극적이게도 다툼을 낳는 하나의 근원이 되어 왔다.[5] 하지만 출애굽의 이야기는 그 내용이 방대한 동시에 성경 안에서 자주 반 복되며, 이에 따라 이 모든 속죄의 이미지들이 서로 어떻게 들어 맞는지를 헤아리기 위한 놀라운 생각의 틀을 우리에게 제공해 준다. 그것은 노예된 상태로부터 속량을 받는 일에 관한 이야기이며, 그 가운데는 피로 드리는 제사와 대리적인 형벌, 해방, 하나님과의 화목과 위대한 승리, 믿음을 통한 확증이나 하나님과의 연합, 양자됨과 제사장의 직분, 유월절과 세례, 하나님 나라를 비롯하여 다른 여러 일이 연관되어 있다. (그리고 이 모든 일은 물론 주님의 십자가를 통해 이루어지는 것들이기도 하다.) 이에 따라 출애굽의 이야기는 그리스도께서 우리를 위해 행하신 일에 관한 이 여러 설명들이 어떻게 모두 참일 수 있는지를 이해하는 데 도움을 준다. 그러므로 우리는 이 설명들 중 어떤 것들을 서로 대립시킬 필요가 없는 것이다.

위의 모든 논의는 이렇게 정리할 수 있다. '우리는 성경의 통일성을 파악할 때 온갖 종류의 유익을 얻을 수 있으며, 특히 출애굽 사건과 연관 지어 그 특성을 살필 때 그러하다.'[6] 그런데 우리가 쓴 이 책의 대부분은 그런 유익들 중 어떤 것에 관해 살피는 내용이 아니다. 우리는 주로 성경 속에 있는 출애굽의 주제를 다루었으며, 독자들이 성경과 복음, 그리스도인의 삶을 더 깊이 이해하도록 돕기 위해 이 책을 집필했다. 독자들이 이 책을 통해 기도와 예배에 더욱 힘을 얻고, 더 큰 기쁨 가운데로 나아가게 되기를 소망한다. 그리고 출애굽 사건을 새로운 시각으로 조망함으로써 출애굽을 일으키신 하나님 역시 그러한 시각으로 바라보게 되기를 기대한다.

서곡

Overture

01

성경의 음악적 읽기

성경은 음악이다.

　성경에 관해 이야기할 때, 우리는 줄곧 음악적인 비유들을 사용하면서도 그 점을 미처 인식하지 못하는 경우가 많다. 우리는 성경을 하나의 **교향곡**이나 **사랑 노래**로 묘사할 수 있다. 창세기의 도입부를 하나의 **서곡**으로 지칭하거나 요한계시록을 **피날레**로 언급할 수 있다. 또 하나님이 성경의 이야기를 **작곡하셨다**, **편곡하셨다**고 이야기할 수도 있다. 그 이야기 속에서는 **테마**와 **리듬**, 그리고 **반복되는 악절들**이 울려 퍼지며, 그 모든 것은 하나의 **절정부**를 향해 간다. 만약 우리가 성경의 일부 난해한 구절들을 다룰 경우, 여기에 **파열음**이 있다거나 **불협화음**이 있다고도 말할 수 있을 것이다. 하지만 궁극적으로 하나님의 말씀 안에서는 모든 것이 늘 하나의 아름다운 **화음**을 이루기 마련이며, 따라서 우리는 그런 부조화들이 **해소되기**를 기대할 수 있다. 또 우리는 요한복음이 다른 세 복음서들과는 다른 **음조**에서 기록되었다거나, 역대기는 열왕기의 **조옮김된** 판본이라고 설명할 수도 있다. 심지어 각각의 책들을 특정한 음악적 양식이나 스타일에 연관 지어, 욥기는 블루스이고 전도서는 재즈이며, 일부 시편들은 단조로 기록되었다는 등의 진술을 할 수도 있다. 이처럼 우리가 성경의 내용을 서술하기 위해 사용하는 언어의 많은 부분은 음악적인 특징을 지닌다.

어쩌면 이런 논의들은 사소한 것으로 들릴지도 모르겠다. 결국 우리는 늘 이런저런 비유법을 사용하고 있지만, 꼭 이런 식으로 진지하게 받아들여지기를 의도하고 사용하는 것은 아니기 때문이다. 하지만 실제로 이런 비유들, 특히 특정한 맥락에서 일관성 있게 적용되는 비유들은 우리가 어떤 일들의 개념을 형성하는 방식에 강력한 영향력을 미친다. 이 영향력은 유익하거나 해로운 것이 될 수 있으며, 둘 다 아닌 경우도 있다.

이에 관해 먼저 상당히 중립적인 사례를 들어 보자. 우리는 사람들이 제시하는 이론과 주장을 건축물의 관점에서 파악하는 경향이 있으며, 이 점은 다음과 같은 표현들에서 드러난다. '나는 그의 가정을 **약화시킴으로써** 그의 주장을 **무너뜨려** 버렸다. 나는 나의 논증을 **구축한 뒤**, 추가적인 사례들을 가지고서 그것을 **지지했다**. 나는 그 견해를 위한 변론을 **구성했다**. 그녀의 이론이 지닌 **구조적인 취약점**은 이 지점에서 살펴볼 수 있다. 그들의 입장은 **불**

안정한 것이었다. 내 견해는 **견고했다.** 그의 주장은 반대 측의 심문 아래서 **허물어지고 말았다.**' 이런 지배적인 이미지는 특별히 유해하지 않으며, 우리에게 그리 큰 깨달음을 주는 것도 아니다. 하지만 이런 이미지들은 우리가 미처 알아차리지 못하는 사이에 우리의 생각을 제약하고 있다. (이는 우리 모두가 이런 비유를 사용하고 있지만, 그 점을 파악하는 이는 매우 드물다는 사실을 통해 드러난다.) 이처럼 비유는 실로 중요한 것이다.

또 다른 사례를 생각해 보자. 이것은 지배적인 은유의 영향력이 좀 더 문제를 낳을 수 있는 경우이다. 정치인들은 전쟁과 무관한 온갖 종류의 정황에서 전쟁에 관련된 어법을 쓰곤 한다. 그들에 따르면, 우리는 테러와 가난, 마약과 비만, 쓰레기, 그리고 그 밖에 점점 더 늘어나는 추상명사들을 상대로 전쟁을 치르고 있다. 그들에 따르면 우리는 이것에 맞서 **싸워야** 하며, 또 저것을 **물리쳐야** 한다. 그리고 진정한 **싸움터**는 여기에 있다는 식의 말들을 쓰고 있다. 우리에게 전쟁의 은유는 친숙하게 다가오며, 따라서 우리가 경험하는 두려움과 불안을 다소 완화시켜 주는 역할을 한다. (바깥에 있는 저 **위험한 존재**는 우리에게 진정한 **위협**이 됩니다. 하지만 아무도 걱정하지 마십시오. 우리는 저 **대적**을 **물리칠** 것입니다.) 또한 그 비유는 우리 사회의 번영에 즉각적이고 심각한 위협을 가하는 존재가 있음을 함축하면서, 우리 마음을 한데로 집중시킨다. 이로써 그 문제의 사안을 최우선 순위로 삼을 필요가 있음을 부각하는 것이다. 이는 설령 그 일이 값비싼 헌신과 희생을 요구할지라도 그러하다. 이와 동시에, 전쟁 개념은 매우 이분법적인 시각에서 사물을 살피도록 이끌어 간다. 곧 선한 이와 악한 이, 영웅과 악당, 물리쳐야 할 대적들과 지켜야 할 영토의 관점에서 생각하도록 하는 것이다. 그러나 이를 통해 복잡한 문제들이 지나치게 단순화됨으로써, 우리는 테러나 마약과의 전쟁에서 다양한 역효과가 생겨나는 것을 보아 왔다. 이런 전쟁의 비유는 그 문제의 중요성을 수사학적으로 강조하고 어떤 대의를 따르도록 사람들을 결집시키지만, 한편 모든 이들을 우리의 적대자 또는 우군으로 여기게 만들곤 한다. 그러나 실제로는 많은 이들이 둘 중 어느 쪽도 아니며, 심지어 적대자인 동시에 우군일 수도 있다. (이 점은 스티븐 소더버그의 「트래픽」이나 피터 버그의 「킹덤」 같은 영화들에서 설득력 있게 제시된 바 있다.)

하지만 이제 가난의 문제에 관해 언급할 때, 군사적인 은유 대신에 직물에 관한 은유를 사용한다고 상상해 보자. 이를테면 이 사회의 **해어진 소매 끝**이나 우리가 빠뜨린 **뜨개질 코**를 복구하는 일에 관해 이야기하는 것이다. 또 우리가 공동체들의 **짜임새가 풀리는 일**을 탄식하고 사회문제들의 **얽히고설킨 상태**를 다루며, **긴밀히 짜인** 가정에 속하는 일이 이 사회라는 **직물**에서 결정적으로 중요한 **가닥**임을 주장한다고 생각해 보자. 이때 이 비유들은 우리를 이전과는 다소 다른 방식으로 생각하고 행동하도록 인도해 줄 수 있다. 그 비유들은 우리가 지닌 문제들을 어떤 외부의 적에 맞서는 싸움의 관점보다는 우리 각 사람 사이에 존재하는 상호 연관성과 사회적인 관계들을 보존하는 일의 중요성에 근거해서 살피도록 이끌어 줄 것이다. 이로써 우리는 사회문제들의 민감한 성격을 자각하며, 그 문제들을 다룰 때에 인내심과 주의, 신중한 행동이 요구됨을 의식하게 될 것이다. 이는 그렇지 않을 경우에 '얽히고설킨 끈들'이 잡아당겨져서 풀기 힘든 '매듭'이 되거나, 우리가 빠뜨린 '뜨개질 코'가 너무 오랫동안 방치된 나머지 '올이 풀리게' 되기 때문이다. 여기서 표면적으로 달라진 부분은 그저 우리가 선택한 비유법뿐인 것으로 보인다. 하지만 그 선택은 상당한 차이를 가져오게 되는 것이다.

요점은 바로 이것이다. 곧 은유들은 우리가 어떤 일들의 개념을 형성하는 방식에 강력한 영향력을 행사하며, 심지어 우리가 그 은유들의 영향력을 의식하지 못할 경우에도 그러하다. 우리가 지배적인 은유를 적절히 선택할 경우, 그 은유는 우리에게 새로운 의미의 세계들을 비추어 주며 다른 경우라면 놓치고 말았을 온갖 종류의 연관성들을 파악하도록 도와준다.

성경과 음악이 바로 그 경우이다.

...

성경에 대한 음악적 접근은 몇 가지 측면들을 아우르며, 각기 우리가 새로운 관점에서 성경을 파악하도록 도움을 줄 수 있다. 첫째, 우리가 이미 언급했듯이 여기에는 긴장과 해소의 언어가 포함된다. 때로는 성경 안에 있는 두 권 또는 그 이상의 책들이나 심지어는 같은 책 안에 있는 두 곳 또는 그 이상의 부분들이 서로 충돌하는 듯이 보이며, 어떤 해결책도 뚜렷이 드러나지 않는 것으로 여긴다. 그러나 성경의 악상이 전개됨에 따라, 우리는 새로운 주제들이 도입되는 것을 발견한다. 그리고 이로 인해 다양한 악기들의 음색이 한데 모이고 여러 사건들이 다시금 배열되며, 마침내 모든 요소를 공정하게 반영하는 화음과 함께 그 충돌이 해소된다. 때로는 그 충돌이 의도적으로 지속되면서 듣기 불편한 상태를 유지하기도 한다. 하지만 이때에도 그런 충돌들은 위대한 작곡가이신 하나님의 손으로 그 모든 일이 온전히 회복될 때를 가리켜 보인다. 이런 의미에서 성경은 마치 재즈와도 같다.

성경의 음악적 은유가 지닌 또 다른 측면은 멜로디와 화음 사이의 관계에서 찾아볼 수 있다. 성경은 분명한 줄거리와 선율, 곡조를 지니고 있으며, 어린아이라도 그 내용을 요약하거나 노래로 부를 수 있다. 또 성경은 다양한 개인과 공동체의 이야기들이 한데 결합되어 있으며, 이 이야기들은 때로 무대 중앙에 등장하기도 하고 배경으로 감추어지기도 한다. 이 이야기들은 화음과 대위법_{두 개 이상의 독립적인 선율을 조화롭게 배치하는 작곡 기술—옮긴이}으로 연주되는 선율, 최고 음역과 최저 음역, 음색의 높이와 깊이를 제공하며, 이에 따라 어떤 한 사람의 작가(또는 음악가)도 그 내용을 제대로 담아낼 수 없을 정도의 것이 된다. 베토벤의 유명한 작품 「환희의 송가」와 마찬가지로, 성경의 내용은 귀에 쏙 들어올 정도로 기억하기 쉽고 단순하지만 믿기 힘들 정도로 복잡하기도 하다. 성경 연구는 성경의 흐름 안에서 이어지는 멜로디를 놓치지 않으면서 그 속에 담긴 화음의 세부사항들을 탐구해 나가는 일이다. '오보에, 아니 오바댜서에서 저 메시지를 전달하는 이유는 무엇인가? 그 메시지는 전체의 악곡에 어떻게 기여하고 있는가?' 그리고 성경 묵상은 그 내용을 즐기기 위해 음악에 귀를 기울이는 일이다. 이때 우리는 단순히 호기심을 품는 데 그치지 않고, 그 리듬에 맞춰 춤을 추고 코러스를 따라 부르며 일터로 향하는 버스 안에서 그 멜로디를 흥얼거리는 데까지 이르게 된다.

성경의 음악적 은유가 지닌 (좀 더 미묘한) 세 번째 측면은 박자와 리듬의 상호작용에서 찾아볼 수 있다. 박자는 한 악곡의 밑바탕에 깔려 있는 시간적인 구조로서, 우리가 그것을 알아듣든 못 알아듣든 간에 다음과 같이 작동한다. '하나, 둘, 셋, 넷, 하나, 둘, 셋, 넷.' 이 박자는 그 악곡 내에서 다양하게 바뀔 수 있지만, 듣는 이들에게 청취의 시간적인 근거와 방향 감각을 제공한다. 이에 반해 리듬은 우리가 실제로 듣게 되는 소리의 구조이며, 이런 식으로 제시된다. '붐, 바-차, 붐, 붐, 바-차.' 이때에는 한 박자에 여러 개의 음이 존재할 수도 있고, 또는 아무 음 없이 여러 번의 박자가 이어질 수도 있다. 리듬은 마치 서핑을 하는 이가 파도를 타듯이 박자를 타고 간다. 곧 리듬은 그 자체의 방식대로 연주되지만, 동시에 그 밑바탕에 있는 박자의 꾸준한 움직임을 늘 의식하며 그 제약 아래 놓이게 되는 것이다.

성경도 이와 유사한 방식으로 전개된다. 시간의 흐름 측면에서 살필 때, 모든 날은 다른 날들과 그 길이가 동일하다. 각 주^{week}와 달, 계절과 해가 지나면서 성경의 악곡이 진행되기 위한 하나의 박자를 제공하는 것이다. 만일 원한다면, 성경의 연대표를 작성하고 역사적인 흐름을 재구성하며 성경의 연대를 성경 바깥의 자료와 서로 맞추어 볼 수 있다. 하지만 성경의 리듬은 이와 같지 않다. 오히려 힘 있게 강조되며 우리 귀에 뚜렷이 들리는 비트들이 그 리듬을 주도하는 것이다. 안식일과 유월절, 속죄일과 오순절 등이 그런 비트들이다. 이 비트들은 규칙적인 패턴을 형성해 성경 이야기 안에 있는 특별히 중요한 순간들에 거듭 주의를 집중하게 해준다. 그리고 리듬이 자주 반복되기에, 우리는 그 리듬을 들을 때마다 그것을 처음 들었던 순간으로 되돌아가거나 그 리듬이 다시 제시될 다음 시점으로 나아가게 된다. 그러므로 마리아가 한 주의 첫날 새벽 아직도 사방이 어두울 때에 예수님의 무덤을 향해 다가가는 모습을 보면서, 우리는 이 우주가 창조된 첫 주의 첫날, 모든 것이 아직 어둠 속에 있었던 그때를 떠올리게 되는 것이다. 또한 하나님의 말씀이 그 어둠을 뒤흔들면서 이렇게 울려퍼질 것을 기대하게 된다. "빛이 있으라!" 그때 이후로 지금은 매주의 첫날이 주일이 되었다. 그러므로 우리는 주일마다 창조와 예수님의 부활을 되돌아보며, 마침내 모든 어둠이 빛이 되며 죽음이 주님의 승리 속에 온전히 삼켜져 버릴 그날을 내다보는 것이다. 박자의 측면에서 말하자면, 모든 박자는 동등한 가치를 지닌다. 그러나 리듬의 측면에서 살필 경우, 어떤 비트들은 다른 박자들보다 더욱 중요한 의미를 지니는 것이다.

이 긴장과 해소, 멜로디와 화음, 리듬과 박자의 세 가지 측면을 하나로 결합시킬 때, 우리는 성경의 다양한 부분들 사이에 있는 연관성에 관한 풍성하고 온전한 그림을 얻게 된다. 성경의 음악이 그 서곡으로 막을 열 때 우리는 하나의 멜로디를 듣게 되며, 그 멜로디와 함께 하나의 규칙적인 리듬이 시작된다. 그리고 악상이 진전됨에 따라 다양한 화음과 대위법에 따른 선율들이 생겨나는데, 그중 일부는 성경의 멜로디를 아름답게 보완해 준다. 반면에 일부는 그 멜로디와 불쾌한 충돌을 빚기 때문에 그 곡조를 듣는 우리는 과연 작곡가가 무엇을 하고 있는지 의아해한다. (물론 그 불협화음을 만들어 내는 것은 바로 우리 자신인 경우가 자주 있다. 이때 하나님은 그저 그 문제를 바로잡아 줄 올바른 시기를 기다리고 계신다.) 그리고 그때에 다시 그 불쾌한 음조를 뚫고서 원래의 멜로디가 되돌아오며, 일시적으로 모든 문제가 해소되었다는 느낌을 가져다준다. 이 악곡을 전에 들어본 적이 없는 이들에게, 이 부분의 곡조는 마치 모든 일이 해결되었으며 이제 노래가 끝날 때가 되었다는 메시지처럼 다가올 수도 있다. (성경을 처음 읽는 독자들은, 예를 들어 이스라엘 백성이 약속의 땅에 들어갔을 때나 다윗이 왕위에 올랐을 때, 그 긴장이 완전히 해소된 것처럼 여기게 될 것이다.) 하지만 이 일시적인 해소의 순간들은 그것들 자체의 긴장을 만들어 내며, 이에 따라 더욱 복잡한 문제들이 전개된다. 그리고 그 문제들 너머에서 또 다른 해결의 곡조들이 제시된다. 성경 전체에 걸쳐 규칙적으로 시간이 흘러가는 동안에 그것의 구체적인 비트들이 계속 강조된다. 곧 안식과 자유, 율법과 속죄를 부각하는 특정한 날과 절기들이 제시되는 것이다. 그러나 이 악곡의 모든 마디와 마침표, 늘임표들은 그 곡조가 여전히 완성되지 않았다는 느낌을 고조시킨다. 마침내 불편할 정도로 긴 침묵이 이어진 뒤에, 이 악곡의 악보는 그리스도 안에 있는 거대한 절정으로 나아가게 된다. 이때에는 다양한 주제들이 한데 어우러지고 아무도 상상하지 못했던 방식으로 긴장이 해소되며, 그 곡을 듣고 있던 우리는 감동을 받아 일어서게 되는 것이다. 하지만 이때에도 그 곡조는 끝이 나지 않고, 계속 또 다른 주제와 악상들을 발전시키면서 하나의 결말을 향해 나아간다. 이때 그 곡조는 원래의 멜로디를 계속 반영하며, 원래의 리듬들을 계속 유지하는 동시에 수정해 나가는 것이다. 그리고 마침내 피날레 부분에 다다를 때, 그리스도 안에 있는 절정이 다시금 재현되고 이 땅에 있는 사람들과 천사들의 합창이 그 악기들의 연주에 가세하게 된다. 이때에 비로소 우리는 작곡가이신 하나님이 품으신 비전의 웅대한 모습을 온전히 파악하게 되는 것이다.

이와 같은 성경의 음악적 읽기는 성경의 회화적인 독법이나 극적인 독법보다도 성경 자체의 실제적인 전개 방식을 더욱 충실히 반영한다. 연극의 경우에는 직선적인 특징을 지닌다. 곧 이 일이 있은 후에 저 일이 벌어지는 것이다. 그 연극 내에서 과거에 있었던 일들이 현재와 미래의 일들에 영향을 주긴 하지만, 그 일들 자체가 다시금 반복되지는 않는다. 그림들의 경우에는 상징적인 특징을 지닌다. 곧 이것은 저것을 나타내는 하나의 그림 또는 이미지, 복사본이나 그림자, 또는 실루엣인 것이다. 이에 반해 성경의 예표론은 하나의 음악적인 곡조에 더 가깝다. 즉, 성전과 왕국, 출애굽과 심판, 제사와 같이 친숙한 주제들이 계속 반복되지만, 늘 조금씩 달라진 형태로 제시된다. 예수님 당시의 예루살렘에 임했던 심판은 그저 마지막 때에 있을 일을 보여주는 하나의 '그림'이나 '그림자'에 불과한 것이 아니다. 그 심판은 한 번 발생하고 말 극적인 '사건'에 그치지 않는다. 오히려 미래에 임할 최종 심판의 일부분이자 전조가 되며, 그 최종 심판과 역사적으로 구별되는 성격을 띤다. 그러므로 마침내 최후의 심판이 임할 때, 그것은 우리에게 친숙한 동시에 새로운 실재로 다가오게 될 것이다. 그런 의미에서 그 심판은 음악적인 성격을 띤다.

...

이 모든 말이 다소 빈약하고 추상적으로 들릴지도 모르겠다. 여러 의미에서 이 논의는 실제로 그러하다. 하지만 성경에 대한 이 음악적 접근법에 관해 막연히 상상하는 것보다는 그 결과물을 직접 보는 편이 훨씬 이해하기 쉬우며, 그 접근법에 관해 묘사하기보다는 내용을 직접 보여주는 편이 더욱 유익하다. 우리가 이 접근법을 온전히 헤아리기 위해서는 음악적 방식이 성경에 실제로 적용되는 과정을 직접 살필 필요가 있다. 그러므로 이 책의 나머지 부분에서는 바로 이 작업을 시도할 것이다. 여기서 우리는 성경 전체에서 반복적이면서도 압축적으로 드러나며, 리듬과 멜로디가 담긴 주제들 가운데서 가장 뚜렷한 한 가지를 그 사례로 활용하려 한다. 이것은 창세기의 도입부와 요한계시록의 결말 부분, 이스라엘의 역사 전체와 복음서, 신약의 서신들과 기독교적 삶, 그리고 예수님의 죽으심과 부활을 조명해 주는 주제이다.

그것은 바로 출애굽이다.

02

첫 번째 만찬

〖 마태복음 26장 〗

식사는 시간을 초월할 수 있다. 맛이나 특히 냄새는 강렬한 기억을 불러일으키며, 그와 동일한 풍미 또는 향기를 체험했던 마지막 시점으로 우리를 곧장 인도해 갈 수 있다. 예식적인 식사, 곧 매년 동일한 음식과 음료를 먹고 마심으로 기념하는 식사는 다른 어떤 것으로도 불가능한 방식으로 수십 년의 세월을 서로 연결 짓는다. 그러므로 2017년 추수감사절을 기념하는 미국의 한 가정은 여러 측면에서 지난주의 화요일보다 오히려 1917년의 추수감사절에 대해 더 친밀감을 느끼게 되는 것이다.[1] 만일 우리가 경험하는 일상 가운데서 역사의 '음악적' 본성을 보여주는 일들, 곧 이전의 악장에서 연주된 주제와 메아리들을 현재의 시점에서 새롭게 재현해 주는 일들을 찾을 경우에는 아마도 식사가 최상의 선택지가 될 것이다.

하나님은 이 점을 아셨다. 이는 그분이 우리를 그런 방식으로 지으셨기 때문이다. 그러므로 자신의 백성을 이집트(애굽)에서 건져 내신 그날 밤에, 그분은 하나의 식사를 제정하심으로써 이후 3,000년이 넘도록 지속될 그 민족의 정체성을 구축하셨던 것이다. 출애굽기 12-13장에 따르면, 하나님은 그 중대한 날에 이스라엘 백성이 해야 할 일을 일러 주셨을 뿐 아니라 그들이 그날을 어떻게 기념해야 할지를 알려 주는 데에 상당한 시간을 쏟으셨다. 하나님은 이스라엘 백성이 그날을 기념하면서 무엇을 먹어야 할지, 언제 먹어야 할지, 그리고 그들의 자녀들이 그 일에 관해 물을 때 어떻게 답해야 할지를 말씀해 주셨다. 유월절의 이야기는 여러 극적인 요소를 지니며, 흥미롭게도 하나의 예전적인 방식을 좇아 진술되고 있다. 그 시초부터, 유월절이라는 음악 속에는 그것이 수천 년에 걸쳐 계속 연주되며 널리 경청되게 하시려는 하나님의 의도가 담겨 있었던 것이다.

그리고 그 일은 실제로 이루어져 왔다. 오늘날에도 유월절 식사는 전 세계에 걸쳐 기념되고 있기 때문이다. 이 식사 때에 사람들은 출애굽에 관한 이야기를 자녀들에게 전해 주며, 그때와 똑같이 무교병(누룩 없는 떡)과 쓴 나물을 먹는다. 그리고 식탁 한가운데에는 늘 포도주 잔을 놓아두며, 식사 때마다 동일한 노래들을 부른다. 이 음악적인 식사는 유대인들이 망명 생활과 흩어짐, 집단 학살과 홀로코스트를 겪는 가운데서도 일관성 있게 지속적으로 반복되어 왔으며, 이 일은 유대교의 핵심에 놓여 있다. 그리고 이 유월절 식사를 더욱 놀라운 것으로 만드는 일은 제2 성전이 무너지기 40년 전의 어느 목요일 저녁에 예루살렘에서 일어났다. 역사상 가장 유명한 유대인이신 한 분이 오케스트라를 소집하고 전체의 음악을 절정부로 인도해 가셨으며, 그 멜로디를 새롭게 배열하셨던 것이다.

그분은 무교병을 쪼개어 식탁에 둘러앉은 이들에게 건네면서 이렇게 말씀하셨다. "이것을 [취하라]······이것은 너희를 위하여 주는 내 몸이라. 너희가 이를 행하여 나를 기념하라"(눅 22:17-19). 이것은 실로 놀라운 말씀이었다. 여기서 예수님은 그 무교병이 구체적으로 자신의 몸을 상징하는 것임을 밝히셨기 때문이다. 곧 그 떡은 이스라엘 백성의 정결과 흠 없는 상태를 나타내는 것 이상의 의미를 지니고 있었다. 그리고 예수님은 그분의 유대인 제자들에게 **자신을** 기념하여 그 유월절을 지킬 것을 말씀하셨다. 그러므로 그 절기는 과거에 이스라엘 백성이 이집트의 노예 생활에서 해방된 일을 기리는 것 이상의 의미를 지녔던 것이다. 나아가 그들이 식사를 마친 뒤, 예수님은 포도주 잔을 들고서 이렇게 말씀하셨다. "너희가 다 이것을 마시라. 이것은 죄 사함을 얻게 하려고 많은 사람을 위하여 흘리는 바 나의 피 곧 언약의 피니라. 그러나 너희에게 이르노니 내가 포도나무에서 난 것을 이제부터 내 아버지의 나라에서 새것으로 너희와 함께 마시는 날까지 마시지 아니하리라"(마 26:27-29). 예수님의 이 말씀에 나타난 것은 그저 유월절에 대한 새로운 이해가 아니었다. 오히려 그분은 이 말씀을 통해 전혀 새로운 언약을 세우셨던 것이다. 성부 하나님의 나라가 그곳에 가까이 임하여 있었으며, 예수님은 자신의 피를 통해 이스라엘 백성의 역사를 한 단계에서 그다음 단계로 옮겨 놓고 계셨다. 선지자 예레미야가 선포했듯이, 사람들의 죄가 사함을 받고 더 이상 기억되지 않을 때가 올 것이었다. 위대한 구원이 도래하고 있었던 것이다.

　　예수님은 유월절 식사의 맥락에서 이런 일들을 말씀하셨으며, 그 후 스물네 시간 동안에 벌어질 사건들이 그분 자신을 기념하는 예전의 형태를 띠도록 만드셨다. 이는 주님이 출애굽 당시에 모세를 통해 행하셨던 일과 마찬가지였다. 그런데 여기서 예수님은 출애굽 사건과 그분 자신이 행하신 일 사이의 유사점을 형성하는 것 이상의 일을 행하고 계셨다. 예수님은 그저 그 제자들을 위한 자신의 죽음이 이스라엘 백성을 위한 유월절 어린 양의 죽음과 다소 비슷하다든가, 그 제자들이 죄에서 해방되는 일이 과거에 이스라엘 백성이 이집트에서 해방된 일과 유사하다고 말씀하고 계신 것이 아니었다. 오히려 예수님은 출애굽의 이 친숙한 상징들을 가져다가 그 안에 새로운 내용을 덧붙이셨으며, 연속성과 불연속성을 결합시키셨다. 이를 통해 예수님은 유월절의 이야기를 전과는 다른 방식으로 강조하셨으며, 이전에는 아무도 헤아리지 못했던 의미를 그 속에 부여하셨다. 그러므로 예수님이 제자들과 나누신 최후의 만찬이 과거의 유월절을 연상시키는 것이 아니었다. 오히려 출애굽 당시의 유월절이 미래에 있을 그 최후의 만찬을 미리 가리켜 보였던 것이다. 예수님의 상한 몸과 그분이 흘리신 피는 처음에 이스라엘 백성이 무교병을 먹고 포도주를 마셨던 사실과 상당히 신비스러운 방식으로 밀접하게 연관되어 있었다. 곧 그 백성이 바로의 노예된 상태에서 건짐 받은 것은 늘 죄의 노예된 상태에서 건짐 받는 일을 통해 그 온전한 성취에 이르게 되어 있었던 것이다. 모세의 언약은 예수님을 통해 이루어진 새 언약을 향해 조금씩 진전되어 갔다. 그리고 유월절은 그분을 기념하는 이 만찬을 통해 그 절정에 이르렀던 것이다.

풍성하게 배열된 이미지들로 가득 찬 이 유월절의 틀 안에서, 그리스도의 죽으심이 지닌 의미가 비로소 뚜렷이 드러나게 된다. 이를테면 유월절은 우리가 훨씬 더 큰 규모의 퍼즐을 해독하도록 도와주는 핵심 단서와도 같다. 예수님은 하나님의 맏아들로서 어두워진 하늘 아래서 그분의 결정적인 심판을 받아 죽으셨으며, 이를 통해 그분은 우리에게 하나님의 집으로 들어가는 문을 열어 주셨다. 또 예수님은 유월절의 어린 양으로서 그분의 뼈들이 꺾이지 않고 온전히 보존되었으며, 그분의 피는 정죄가 아닌 자유를 우리 앞에 선포하셨다. 예수님은 주님의 사자로서 우리보다 앞서 가시며, 깊은 바다 속을 통과하는 길을 내셨다. 그리하여 우리는 마른 땅을 걸어 그 길을 지나갈 수 있게 되었다. 그리고 예수님은 최후의 결전에서 큰 용을 압도하고 물리치셨다. 그럼으로써 우리의 원수인 사망이 자신의 승리를 확신하고 있던 바로 그 시점에 그를 깊은 파멸에 빠뜨리셨던 것이다. 예수님은 모세와 같은 목자로서, 자신은 고난을 받으셨지만 그분 자신의 백성들을 환난 가운데서 이끌어 내신다. 그리고 예수님 자신의 피로써 새 언약을 세우시며, 이 언약은 출애굽 당시 시내 산에서 이루어졌던 언약의 식사(출 24:11)를 상기시키는 그 식사를 통해 확정되었다. 이제 예수님은 모든 이들을 그 식사에 참여하도록 초대하신다. 예수님은 순전하고 흠이 없는 생명의 떡이시며, 새 창조를 상징하는 포도주를 소유하신 주님이시다. 또 우리와 함께 쓴 나물을 드시는 분이며, 이 모든 상징의 의미를 자신의 후손들에게 설명해 주시는 분인 것이다.

그런데 예수님은 이 모든 일을 행하심과 더불어 이 모든 것이 되시는 한편, 장차 임할 종말론적인 경축의 때를 여전히 가리켜 보이고 계신다. "너희에게 이르노니 내가 포도나무에서 난 것을 이제부터 내 아버지의 나라에서 새것으로 너희와 함께 마시는 날까지 마시지 아니하리라"(마 26:29). 유월절이 **성취되었다**는 사실이 곧 그것이 **완성되었음**을 의미하는 것은 아니다. 출애굽 당시의 첫 번째 만찬 때와 같이, 이 최후의 만찬에서 예수님은 하나님이 행하시는 구원을 기념하셨다. 하지만 그분은 성경의 이야기가 이제 다 끝난 것으로 여기지 않으셨으며, 우리로 하여금 구원에 대한 감사만큼이나 종말을 향한 기대와 소망 역시 마음속 깊이 간직하도록 만드셨다. 이제 예수님은 이렇게 말씀하신다. '장차 새 포도주와 새 왕국, 새로운 창조와 구원이 임할 날이 올 것이며, 그때에 나는 너희와 영원히 함께 있게 될 것이다. 너희가 앞으로 이 떡을 떼며 포도주를 마실 때마다, 지금 이날을 되돌아보는 동시에 그 미래의 날을 내다보는 것이 된다. 마침내 그날이 오기까지, 나를 기억하면서 이 일을 행하여라.'

《서곡》

1. 식사는 어떻게 음악적인 역할을 수행할 수 있는가?

2. 유월절은 그리스도의 죽으심과 부활이 지닌 의미를 어떤 식으로 우리에게 조명해 주는가? 그 세 가지 방식을 열거해 보라.

3. 최후의 만찬은 어떤 식으로 미래를 내다보고 있는가? 그 일부 방식들을 설명해 보라.

≫ 생각을 위한 질문 ≫

1. 자신의 죽음이 지닌 의미를 전달하기 위한 주된 틀로서 예수님이 식사를 선택하신 이유는 무엇일까?

2. 예수님은 누가복음 22:16에서 "이 유월절이 하나님의 나라에서 이루기까지 [내가 그 음식을] 다시 먹지 아니하리라"라고 선언하신다. 그렇다면 하나님의 나라는 어떤 면에서 유월절을 성취하는 것이 되는가?

3. 요한복음에서는 성찬이 제정된 일을 언급하지 않는다. 그렇다면 요한복음에서는 어떤 방식들을 통해 유월절의 주제를 드러내고 있는가?

1악장

First Movement

노예들의 집 밖으로

갈대 상자부터 떨기나무까지

〖 출애굽기 1-3장 〗

모세가 이스라엘 백성을 이집트의 노예 생활에서 건져 내기 오래 전에, 그는 두 차례의 출애굽을 겪은 바 있다. 우리는 출애굽기 앞 부분의 이 장들을 우리가 잘 알고 좋아하는 극적인 애니메이션 「이집트 왕자」의 다소 미화된 도입부처럼 여기면서 대강 서둘러 읽고 지나가곤 한다. 그리하여 출애굽 이야기의 이 부분이 지니는 의미를 놓치고 만다. (이는 곧 그 이야기에서 여인들이 감당하는 중대 한 역할을 종종 간과하게 됨을 의미한다.) 하지만 이 본문이 성경으로 기록된 데에는 분명한 의미가 있다. 모세는 출생 시에 출애굽 여정 을 겪었으며, 40세 때 또 한 번 이 여정을 경험했다. 80세 때는 이 스라엘 백성을 인도하여 나오면서 세 번째 여정을 겪었고, 120세 가 되었을 때에는 온 생애에 걸쳐 지향해 온 약속의 땅을 눈으로

본 뒤 숨을 거두었다. 그것은 실로 긴 여정이었다.

그의 첫 번째 출애굽은 창세기의 에덴동산 이야기를 읽은 이라면 누구라도 친숙하게 여길 한 이야기의 흐름 속에서 왔다. 당시 이스라엘 백성은 이집트에서 생육하고 번성하면서 그 땅을 가득 채우고 있었지만, 뱀과 같이 간교한 바로는 그들의 남자 후손들을 멸절하려는 계획을 품고서 그 백성의 여인들을 공격했다. 그런데 에덴동산의 이야기에서와는 달리, 이번에는 여인들이 그의 술책을 압도했다. 먼저는 이스라엘 백성의 산파들이, 그다음은 모세의 어머니가, 끝으로는 모세의 누나 미리암이 자신들의 지혜를 써서 그 뱀 같은 자와의 시합에서 승리하고 '여인의 후손'을 보존했던 것이다. 사실 모세가 장성하기 전까지 그 이야기 속에 실제로 등장하는 유일한 남자는 큰 뱀과도 같은 바로뿐이었는데, 그는 하나님의 백성을 멸절하는 일에 혈안이 되어 있었다.

그 이야기는 다음과 같이 진행되었다. 모세의 어머니 요게벳은 자신이 낳은 아기에게 무언가 특별한 점이 있음을 알았다. 그리하여 그녀는 예전에 노아가 그리했던 것처럼 아기를 위해 '방주'ark, 개역개정판에는 "상자"로 번역되어 있다—옮긴이 또는 상자를 만들었다. (성경에서 이 '방주'를 뜻하는 단어가 언급되는 구절은 창세기의 홍수 이야기를 제외하면 출애굽기 2장뿐이다.) 또한 노아가 그리했던 것처럼 요게벳은 그 '방주'에 역청을 칠했다. 바로가 거대한 도시들을 건설하는 동안, 그 이스라엘 여인은 자신의 아기를 물 위에 띄우기 위해 작고 눈에 띄지 않는 작은 방주를 만들고 있었던 것이다. 하지만 노아의 방주와 마찬가지로, 이것은 하나님께서 의로운 자들을 물에 의한 파멸에서 건져 내시고 사악한 자의 계획들을 좌절시키며 옛 세상에 속한 나라들의 한가운데서 새로운 나라를 일으키시는 방편으로 쓰임 받게 되었다.

바로의 딸은 그 아기의 울음소리를 듣고서 그를 불쌍히 여겼는데, 이는 장차 주님이 노예로 고통받는 이스라엘 백성의 부르짖음을 들으시고 그들을 긍휼히 여기시게 될 일과 마찬가지였다. 모세가 들어 있던 상자는 갈대들 사이에서 건짐을 받았는데, 이는 훗날 이스라엘 백성이 '갈대 바다'홍해—옮긴이를 통해 구출될 일과 마찬가지였다. 또 모세는 다른 아기들이 물속으로 던져질 때에 물 바깥으로 건져졌는데, 이는 이스라엘 백성이 앞으로 겪게 될 일과 마찬가지였다. 그리고 이 일이 모세의 정체성을 이루는 결정적인 특징이 된 것처럼('모세'라는 이름은 '그가 이끌어 낸다'는 뜻이다), 이스라엘 백성에게도 그 일은 그들의 특징이 되었던 것이다. 미리암은 모세가 건짐을 받은 사건의 핵심 증인인데, 이는 이스라엘 백성이 건짐을 받은 홍해에서도 미리암이 그 역할을 하게 될 것과 같다. 그리고 바로의 딸이 모세를 양자로 맞아들이면서 그는 출애굽 사건을 통해 억압받던 자리에서 왕실의 일원으로 곧바로 상승하게 되었다. 이는 이스라엘 백성이 출애굽을 통해, 억압받던 노예 처지에서 왕 같은 제사장들로 즉시 변화된 것과 마찬가지다. 이같이 모세가 이집트 가문의 일원이 된 일을 보면서, 우리는 장차 이집트인들과 이스라엘 백성이 연합해서 하나의 거대한 언약 백성을 이루며 이집트의 재물들을 풍성히 소유하게 될 일에 관한 암시를 얻게 된다(출 12:35-38). 모세가 '물에서 건짐'을 받은 것은 이때가 마지막이 아니었다.

그 후로 40년이 흘렀지만 이스라엘 백성의 노예 생활은 계속되었다. 그리고 어느 날, 모세는 그 백성이 처한 상태의 부당함에 격분하여 행동에 나섰다. 곧 자신의 동족인 이스라엘 사람을 구타하고 있던 이집트인을 죽이고, 바로의 손을 피해 동쪽으로 도망쳤던 것이다. 그러고는 광야에서 40년을 보냈다. 출애굽 이야기의 이 부분은 우리가 하지 말아야 할 일을 보여주는 사례로 종종 언급된다. ("모세는 하나님의 일을 행하려고 했지만 그분의 때를 무시했습니다" 등의 표현이 자주 쓰인다.) 하지만 본문의 서술자는 그런 식의 적용을 결코 암시하지 않는다. 오히려 이 부분에는 모세가 이스라엘 백성을 인도하여 행할, 세 번째의 가장 극적인 출애굽 사건과 여러 유사점이 있다. 세 번째 출애굽 사건에서도 모세는 격분하여 행동에 나서며, 히브리 민족의 고통이 드러나고 그들이 그 상태에서 건짐을 받게 된다. 또 이집트인들이 죽임을 당하며, 모세가 바로를 피해 동쪽으로 떠난 뒤에 40년의 세월을 광야에서 보내게 된다. 이와 같은 여러 유사점은 지금 이 본문에서 모세가 이스라엘의 구출을 망쳐 놓는 것이 아니라 오히려 장차 그 일이 이루어질 것을 미리 보여준다.

모세는 이 두 번째 출애굽을 통해 미디안 땅에 이르게 되었다. 본문의 기록에 따르면, 여기서 그가 처음 취한 행동은 한 우물

가에서 어떤 목자들과 싸워 그들을 물리친 뒤 일곱 여인과 여인들의 양 떼에게 물을 공급해 준 일이다. 우리는 다윗이 목자로서 보낸 시간이 어떻게 그를 한 국가의 지도자가 되도록 준비시켰는지에 관해 자주 설교를 듣지만("주의 종이 사자와 곰도 쳤은즉", 삼상 17:36), 출애굽기 2장을 토대로 그런 설교를 듣는 일은 드물다. 하지만 우리가 이 장에서 주목할 점은, 모세가 이후에 다시금 목자인 자신의 지팡이를 가지고서 거짓 목자에 맞서 무고한 백성을 옹호하게 되리라는 데 있다. 그런 다음에 그는 온 이스라엘 백성을 위해 광야에서 물을 공급해 주게 될 것이다. 이때에 모세는 그 여인 중 하나인 십보라를 그의 아내로 맞았으며, 그녀와의 사이에서 태어난 아들의 이름을 '게르솜'으로 지었다(여기서 '게르'gēr는 '나그네'를 의미한다). 그리고 그는 이렇게 말했다. "[이는] 내가 타국에서 나그네가 되었음이라"(출 2:22). 이는 모세 자신의 입장 표현일 뿐 아니라, 온 이스라엘 백성의 상황을 대변한 고백이었다.

두 번째 출애굽 이야기는 모세가 호렙 산의 불붙은 떨기나무 가운데서 하나님을 만남으로써 그 절정에 이르렀다. 그런데 이때의 만남과 시내 산(이 산의 이름은 '호렙 산'으로도 알려져 있다)에서 이루어진 이후의 만남출19장참조—옮긴이 사이에는 놀라운 유사성이 있다. 두 경우 모두, 하나님은 그분께로 나아오도록 부르시는 동시에 너무 가까이 다가오지 말 것을 경고하셨다. 또한 두 경우 모두 불이 동반되었으며, 모세와 그 백성들이 자신들의 얼굴을 가렸다. 이적적인 징표들이 나타났고, 모세와 이스라엘 백성이 순종으로 응답하도록 요구되었다. 그리고 두 경우 모두 같은 산 위에서 일어났다. 그런데 이 모든 유사성 가운데서도 각 이야기의 정점을 이룬 사건은 바로 하나님의 이름이 계시된 일이었다. 곧 하나님은 "나는 스스로 있는 자이니라"(출 3장), 또는 "여호와라. 여호와라. 자비롭고 은혜[로운]……하나님이라"(출 34:6)라는 말씀으로 그분 자신을 드러내셨다. 성경에서 구원이 이루어지는 핵심 순간에는 종종 하나님의 이름에 관한 계시가 동반되는데, '전능하신 하나님', '하나님이 공급하실 것이다''여호와이레'—옮긴이, '하나님은 나의 깃발이시다''여호와 닛시'—옮긴이, '반석이신 하나님', '임마누엘' 등이다. 그런데 앞에서 언급한 두 이름은 각기 하나의 출애굽 이야기가 끝나가는 부분에서 등장하며, 성경에서 가장 자주 반복되는 하나님의 이름이다. 그러므로 하나님이 호렙 산에서 자신에 관해 계시하신 것처럼 그분을 불변하시며 아무와도 비교할 수 없는 하나님, 영원하고 자존하시며 자비와 은혜, 긍휼이 풍성하신 하나님으로 알 때에만, 모세와 이스라엘 백성, 그리고 오늘날 그분을 따르는 이들이 비로소 그분께 나아가 순종하며 경배할 소망을 품게 되는 것이다. 우리가 "누가 나를 보내셨다고 말해야 하리이까?"라고 구할 때, 하나님은 이렇게 답하신다. "내가 바로 그니라." 그리고 우리는 그 말씀에 의지해서 나아가야 한다.

마지막으로, 우리는 성경 전체 가운데서 가장 당혹스러운 이야기 하나를 접하게 된다. 주님이 모세를 죽이려 하셨던 일에 관한 이야기이다(출 4:24-26). 문맥과 상관없이 이 본문을 읽으면 실로 이상한 이야기가 되지만(이 이야기는 그 기이한 특성 때문에 그런 식으로 읽히는 경우가 자주 있다), 맥락에 따라 읽으면 우리가 이 장에서 논해 온 내용을 보여주는 또 다른 사례일 수 있다. 곧 모세는 그가 이스라엘 백성을 이집트 바깥으로 인도해 내기 전에, 적어도 두 번에 걸쳐 그 출애굽의 이야기를 자신의 몸으로 직접 살아내었던 것이다. 그러므로 우리가 이 짧고 다소 고통스러운 이야기에서 보게 되는 것은 유월절의 전조, 곧 그것의 음악적인 서곡이다.

이 이야기를 이런 식으로 살펴보자. 그때는 밤이었다. 당시 모세는 바로에게 그의 맏아들이 죽게 될 것임을 경고하라는 하나님의 명령을 막 들은 상태였다. 이는 바로가 괴롭히던 이스라엘 백성이 곧 그분의 맏아들이었기 때문이다. 그런데 당시에 모세의 아들이 아직 할례받지 않은 상태에 있었다. 이 할례는 이스라엘 백성이 하나님의 아들임을 나타내는 양보할 수 없는 표지였다. 모세는 하나님이 주신 계명을 소홀히 여기고 그 아들됨의 표지 바깥에 처함으로써 바로와 동일하게 하나님의 심판 아래 있었다. 이때 다시금 그를 구해 주러 나타난 것은 한 여인이었다. 곧 십보라가 자기 아들에게 할례를 행하고 그 피를 드러내었던 것이다. 그녀는 그 피로 모세를 '덮었으며', 이로 인해 모세는 주님의 손에 죽는 일에서 벗어나게 되었다. 여기서 그 아들의 포피는 '유월절 어린 양'이 되었고, 이는 어린 양의 피가 그 밤에 모세의 집 문에 뿌려졌던 것과 같다. 그리고 모세는 이를 통해 구원을 얻었다. 어쩌면 여러분은 모세가 첫 번째 유월절에 이스라엘 백성에게 하나님이 주신 명령의 모든 세부사항에 순종하는 일을 그렇게 강조했던 이유를 의아해할지도 모르겠다. 아마도 그 이유 중 하나는 모세가 지금 이 사건을 통해, 그들이 그리하지 않을 경우에 벌어질 일부 결과들을 미리 보았기 때문일 것이다.

이처럼 모세는 출생 시와 40세 되던 해에 각각 출애굽을 경험했으며, 이 사건들은 물과 피에 의한 구출로써 마무리되었다. (여기서 우리는 어떤 이의 구원에 물과 피가 동반되는 다른 본문들을 떠올려 볼 수도 있겠다.) 그리고 모세가 여든 살이 되어 세 번째 출애굽을 겪게 되었을 때, 그는 일종의 기시감을 느끼거나 이렇게 생각했을 수도 있다. '오 이런, 이 일을 또다시 겪게 되다니…….' 하지만 하나님은 조용하고 은밀하게 모세를 출애굽에 걸맞은 사람으로 빚어 가고 계셨다. 곧 그분은 점점 더 강도가 더해지는 일련의 작은 구출 사건들을 통해, 장차 있을 이스라엘 백성의 주된 출애굽을 준비해 가셨던 것이다. 이는 마치 영화업계에서 일련의 예고편들을 통해 한 영화가 상영될 때를 준비해 가는 것과 같다. 하나님은 모세의 삶과 이스라엘 백성의 삶에 동일한 패턴을 부여하셨으며, 이 점은 이후에 바울이 이스라엘 백성을 두고 "모세에게 속하여…… 세례를 받"았다(고전 10:2)고 언급했을 때 지적한 바와 같다. 하나님은 자신이 역사의 주관자이심을 드러내셨으며, 이를 통해 모세가 미래에 대해 더 깊은 확신을 품도록 인도하셨다. 그에게 주어진 과업이 실로 중대한 것이었기에, 모세에게는 그 백성을 이집트에서 구출하며 '이끌어 내시는' 하나님의 능력에 대한 모든 믿음과 신뢰가 필요했다. 그는 가능한 한 이런 믿음과 신뢰를 굳게 붙잡아야 했던 것이다. 그러므로 하나님이 모세를 위해 행하신 준비의 과정은 길고 대부분 눈에 띄지 않는 것이었지만, 모세가 그 과업을 수행하기 위해 꼭 필요한 기초 작업이 되었다. 하나님이 행하시는 일들은 늘 그런 성격을 띤다.

두 번의 출애굽을 이미 겪은 모세는 마침내 바로를 대면하기 위해 떠났다. 이제 결전의 무대가 준비된 것이다.

1. 모세가 겪은 세 번의 출애굽은 어떤 것들인가? 이 사건들은 어떻게 모세가 "출애굽에 걸맞은" 사람이 되도록 인도해 갔는가?

2. 모세가 갓난아기 때에 물에서 건짐 받은 일은 이스라엘 백성이 홍해에서 건짐 받은 일과 어떤 면에서 유사한가?

3. 모세가 호렙 산에서 부르심을 받을 때에 하나님과 대면한 일은 이스라엘 백성이 출애굽할 때 시내 산에서 벌어진 일들과 어떤 공통점이 있는가?

≫ 생각을 위한 질문 ≫

1. 출애굽기의 첫 두 장에서는 아이들의 출생이 두드러지게 나타나며, 이 출생의 주제는 출애굽 이야기 가운데서 계속 이어지고 있다. 출애굽 사건이 이스라엘 백성에게도 일종의 출생 같은 것이었음을 시사해 주는 암시들을 성경에서 찾아보라.

2. 하나님께서 그 특정한 시점에 자신의 이름을 모세에게 계시해 주신 이유는 무엇일까?

3. 그들이 구출받게 될 일의 패턴이 지도자인 모세의 삶에서 드러나는 것을 보면서, 이스라엘 백성은 자신들에 관해 무엇을 배웠겠는가?

신들의 싸움

〚 출애굽기 4-15장 〛

출애굽 사건은 신들의 싸움으로, 그중 오직 한쪽만이 승자가 되어 경기장 바깥으로 나올 수 있었다. 인간적인 면에서 살필 때, 우리가 이 책에서 다루려는 모든 음악적 주제, 곧 억압과 재앙, 피와 속량, 탈출과 임재, 물과 승리, 경축과 광야, 물려받음과 같은 주제가 그 속에 담겨 있다. 그러나 이 모든 주제 배후에 자리 잡고 있는 것은 곧 신들 사이의 투쟁이었다. 이집트의 신들과 이스라엘의 하나님 사이의 싸움이자 거짓 신들과 참된 신의 싸움, 뱀과 여인의 후손 사이의 싸움이자 바로와 주님의 싸움이 거기에 있었다. 사실 그것은 균형이 맞지 않는mismatch 싸움이다. 주님을 상대로 한 싸움은 늘 이런 싸움이 된다.

  우리는 모세와 바로의 대면이 시작되기 전부터 이런 느낌을 감지하게 된다. 모세는 이스라엘 백성이 자신의 말을 믿지 않을 것을 근심하고 있었으며, 이에 하나님은 그에게 세 가지 표징을 내려 주셨다. 그리고 이 표징들은 각기 장차 다가올 싸움을 가리켜 보이는 것이었다(출 4:1-9). 첫째로 하나님은 모세에게 그의 지팡이를 땅에 던지라고 말씀하셨으며, 그 지팡이는 뱀이 되었다. 모세는 두려움에 빠졌지만, 그가 뱀의 꼬리를 잡자 다시 굳어져 지팡이가 되었다. 이와 마찬가지로 바로는 뱀 같은 파괴자로서 두려운 존재일 수 있다. 그러나 모세가 그의 '꼬리'를 잡을 때, 바로는 다시 '굳어져서' 마침내는 하나님이 그분의 목적들을 이루기 위해 사용하시는 하나의 막대기 같은 존재가 될 것이다("내가 바로의 마음을 완악하게 한즉……내가 그와 그의 온 군대로 말미암아 영광을 얻어 애굽 사람들이 나를 여호와인 줄 알게 하리라", 출 14:4). 둘째로 모세가 자기 손을 옷 속에 넣었을 때, 그 손에 병이 생겨 부정하게 되었다. 그러나 그가 자기 손을 다시 옷 속에 넣었다가 꺼내자, 그 손이 본래대로 돌아왔다. 이처럼 하나님께는 어떤 존재들을 괴롭게 하고 부패시킬 능력도, 그들을 다시 회복하고 소생시킬 능력도 있다. 장차 임할 그 싸움에서는 그분의 이 두 능력이 모두 드러날 것이다. 그리고 셋째로, 하나님은 모세에게 그가 나일 강에서 물을 떠다가 땅에 부을 때에 그것이 피로 변할 것이라고 말씀하셨다. 이는 이집트의 신들 중 하나이며 그곳 사람들이 의지하는 생명과 정결의 주된 원천인 그 강이 죽음의 강으로 바뀌어 버리는 일이었다. 이는 곧 바로가 이스라엘 백성의 남자 아기들을 물속에 가라앉히려고 했던 일을 암시하는 불길한 메아리였던 것이다. 이처럼 당시에는 하나님과 바로 사이의 전선 battle lines 이 뚜렷이 제시되고 있었다.

하나님이 미리 말씀하셨듯이 바로는 이스라엘 백성을 놓아주기를 거부했고, 이로써 신들의 전쟁이 시작되었다. 많은 침공의 경우에 그렇듯이, 이때 이집트에 내린 재앙은 고조되어 갔다. 먼저 강도의 측면에서 점점 극심해졌다. 초기의 재앙들은 모든 이에게 영향을 미쳤으며, 이는 바로의 요술사들도 재현할 수 있는 것들이었다. 하지만 그 이후의 재앙들은 오직 이집트인들에게만 피해를 주었으며, 바로의 요술사들은 그 재앙들을 재현해 낼 수가 없었다. 또한 이 재앙들은 문자적이며 지리적인 의미에서도 점점 더 고조되어 갔다. 첫 번째 집단에 속한 세 가지 재앙은 이집트의 물과 땅에 타격을 입히는 것이었다. 나일 강이 피를 흘리고 개구리들이 물에서 올라오며, 땅의 티끌들이 이로 바뀌었다. 그리고 두 번째 집단에 속한 재앙들은 살아 있는 생명체들에게 타격을 가했다. 파리 떼가 들끓고 가축들이 몰살되며, 이집트인들의 피부가 악성 종기로 뒤덮였던 것이다. 그리고 세 번째 집단에 속한 재앙들은 더 높은 곳에 있는 하늘로 나아갔다. 날씨를 통한 파괴가 임하고 동풍에 의해 메뚜기들이 몰려오며, 심지어 태양이 어두워지게 되었다. 만약 고대의 세계가 땅과 그 아래의 물, 그리고 그 위의 하늘로 이루어진 삼층집이었다면, 하나님은 그 집의 각 층에 파멸을 가져오시고 그 각 층을 '다스리던' 이집트의 신들을 굴욕스럽

《1악장: 노예들의 집 밖으로》

게 만드신 셈이다. 이를테면 하나님은 그 집의 지하실부터 천장의 들보까지 구석구석을 뒤져 그 신들을 찾아내셨으며, 그들을 마치 해충이나 기생충처럼 여기고 철저히 박멸하셨던 것이다.

끝으로 모세는 모든 것의 절정을 이루는 열 번째 재앙을 선포했다. 그것은 바로 이집트인 맏아들들의 죽음이었다. 우리는 중요한 정황적인 요소들을 지적함으로써, 이 재앙의 끔찍한 성격을 완화시키려 할 수 있다. 모세가 바로에게 반복적으로 경고했다는 점, 이집트인 아들들의 죽음이 앞서 있었던 이스라엘 백성의 아들들의 죽음을 상기시킨다는 점, 고대 세계에서는 맏아들이 그 가문의 힘과 미래의 운명을 상징했다는 사실, **하나님의** 맏아들이었던 이스라엘 백성이 당한 억압, 더 큰 범주의 이야기에서는 이스라엘 백성이 얻은 자유가 이집트인들의 구원으로 이어지리라는 점, 뱀의 후손과 여인의 후손 사이에 지속적으로 벌어져 온 전쟁 등이 그런 요소들이다. 하지만 우리 중 많은 이들은 여전히 이 이야기를 몹시 불편해할 것이다. 이 책에서 우리는 하나님께 사람들의 목숨을 빼앗을 권리가 있음을 옹호하려고 시도하지 않으며, 이 점은 성경 역시 마찬가지다. 다만 여기서 주목할 만한 점은, 이런 우리의 모든 질문과 관심사에도 불구하고 출애굽기의 이 이야기에서는 당시 이집트에서 일어났던 일에 깊은 주의를 쏟지 않는다는 것이다. 이 이야기에서는 그 일에 단지 두 절을 할애할 뿐이다(출 12:29-30). 오히려 이 이야기에서는 유월절이 제정된 일에 훨씬 더 많은 관심을 쏟는다.

유월절의 의미를 다룬 책은 목회자들의 책장을 가득 채울 만큼 있으며, 실제로 많은 목회자들의 경우에 그러할 것이다. 몇 가지 측면에서 유월절은 그리스도의 사역에 대한 하나의 뚜렷한 전주곡이 된다. 그 사건은 한 백성이 어린 양의 피로써 노예 상태를 벗어나 속량되는 것을 보여준다. 또 주위의 모든 이가 심판을 직면하고 있을 때, 불을 통과하는 하나의 제사에 의해 그 백성이 죽음에서 건짐 받은 일을 나타낸다. 그리고 유월절은 순종을 통해 역사하는 믿음의 능력을 드러내 주는 사건이었다. 이스라엘 백성의 가정들은 그날 밤, 그들 자신의 개인적 경건이나 그들이 하나님을 향해 품은 신뢰의 분량을 통해서 구원받은 것이 아니었다. 그들은 단순히 어린 양의 피가 그들의 집 위에 뿌려져 있었다는 사실 덕분에 구원을 얻었던 것이다.[1]

하지만 유월절은 몇 가지 덜 '기독교적인' 의미 역시 지니고 있다. 먼저 그 사건에는 정결의 의미가 담겨 있었다. 곧 흠 없는 어린 양과 누룩의 제거, 칠 일간의 절기와 더불어 피에 적신 우슬초가 모두 요구되었던 것이다. 그리고 그 사건은 고난의 의미 역시 지니고 있었다. 그러므로 미래에 이스라엘 백성이 쓴 나물을 먹을 때마다, 자신들이 젖과 꿀이 흐르는 땅에 입성하기 전에 어떤 상태에 있었는지를 되새기도록 되어 있었던 것이다. 또 그 사건은 하나됨의 의미를 지니고 있었다. 곧 온 집안사람들이 양 한 마리를 통째로 먹었으며, 그 양의 뼈들을 꺾지도 않고, 남은 고기를 아침까지 남겨 두지도 않았던 것이다. 이 사건은 기념의 본질을 드러내는 의미가 있는데, 출애굽기의 많은 부분에서는 이 유월절 준수가 장차 어떤 식으로 이스라엘 백성의 삶과 예전, 그들의 예배에 영향을 줄 것인지 하는 문제에 초점을 맞추었다. 또한 유월절에는 여러 민족을 향한 축복의 의미가 담겨 있었다. 그리하여 "수많은 잡족"이 이스라엘 백성의 대열에 합류했으며(출 12:38), 그들이 할례를 받았다면 유월절을 기리는 데 동참할 수 있도록 허용했다. 또한 유월절은 출생의 의미를 지닌 것이었다. 이집트가 어둠과 재로 덮인 무덤이 되었을 때, 이스라엘 백성은 어린 양의 피로 덮인 자신들의 집 문을 통해 자궁 바깥으로 걸어 나왔다. 또 그들은 자신들의 맏아들을 따로 구별했으며, 이후에는 깊은 바닷물 사이로 난 좁은 통로를 통해 새로운 삶을 얻었던 것이다. 그리고 그들이 지나간 후에는 그 통로가 다시금 닫히고 말았다.

　마침내 이스라엘 백성은 한밤중에 위대한 탈출을 시작했으며, 그때에는 개 한 마리도 그들을 향해 으르렁거리지 않았다(출 11:7). 그들의 이 탈출에는 수많은 이집트인들이 함께 했으며(이는 하나님이 주시는 보편적인 복을 상징한다), 이스라엘 백성은 엄청난 양의 재물을 가지고 나왔다(이는 하나님의 풍성하심을 상징한다). 또 그 백성들은 요셉의 유골을 가지고 나왔으며(이는 하나님이 그분의 약속을 신실하게 지키심을 보여준다), 그들이 그 억압의 땅을 벗어나는 동안에 구름기둥과 불기둥이 그 곁에 함께 했다(이는 하나님의 현존을 드러낸다). 하지만 아직도 하나의 장애물이 더 남아 있었다. 곧 그들이 진정한 자유를 얻기 전에, 그 백성은 먼저 깊은 물속을 통과해야만 했다.

　물이 어떤 영역의 경계를 표시하는 힘을 지닌다는 것은 현대
인들이 출애굽 이야기를 읽을 때 가장 파악하기 힘든 측면 중 하
나임이 분명하다. 지금 우리가 사는 세상에는 물을 쉽게 통과할
수 있는 다리와 터널, 여객선과 비행기가 있기 때문이다. (성경 전
체에 걸쳐 '다리'가 한 번도 언급되지 않는다는 점은 주목할 만하다.) 성
경의 세계관에서 물은 각 영역들을 나누어 놓는 역할을 한다. 땅
위의 물은 땅 아래의 물과 서로 분리되어 있으며_{창 1장 참조─옮긴이}, 따
라서 어떤 이가 땅속 깊은 곳으로 내려가거나 하늘로 오르기 위해
서는 물을 통과해야만 하는 것이다. 물은 마른 땅과 분리되어 있
으며, 그 땅들은 큰 강들에 의해 서로 나뉘어 있다. 그러므로 고대
의 세계에서 강을 건너는 일은 (오늘날의 경우처럼) 그저 차를 운전
해서 다리를 건너는 일보다는 낯선 지역에 들어서는 일에 더욱 가
까웠던 것이다. 그리고 물은 공간뿐 아니라 시간까지도 구분 짓는
역할을 했다. 곧 한 세대를 그다음 세대와 나누어 놓았던 것이다.
노아는 홍수를 통과해서 새로운 세상에 도달했으며, 야곱은 얍복
강을 건너서 새로운 이름을 얻었다. 여호수아는 요단 강을 건너서
새로운 땅에 이르렀으며, 요한은 사람들에게 세례를 베풀어서 그
들을 새로운 나라로 인도했다. 그리고 예수님이 오셔서 생명의 물
을 흘려보내 주셨을 때, 우리는 비로소 이 세상에 존재하던 분리
들이 사라지는 것을 보게 된다. 곧 그분을 향한 신앙을 고백하는
세례의 물 안에서, 유대인과 헬라인, 남자와 여자, 노예와 자유인

을 갈라놓던 분리의 벽이 사라지게 되었던 것이다(갈 3:28).

이집트의 군대가 뒤쫓아 올 때 모세는 자신의 지팡이를 들었고 하나님은 깊은 바닷물을 가르셨다. 이것은 물리적 사건으로, 두 물 벽 사이로 마른 땅이 실제로 드러났기 때문이다. 이는 이 세상이 창조되던 때의 셋째 날에 이루어진 일과 마찬가지였다. 하지만 하나님은 또한 그 물을 가지고서 한 나라와 다른 나라를 서로 분리시키셨다. 곧 이스라엘 백성과 이집트인들을 갈라 놓으셨던 것이다. 하나님은 이스라엘 백성을 마른 땅으로 안전하게 인도하시고, 이집트인들은 깊은 바다 속에 수장시키셨다. 그분의 임재를 나타내는 구름이 이 두 진영 사이에 멈추어 섰을 때(출 14:19-20), 이 일은 마치 하늘이 아래로 내려와서 이집트인들의 위에 이스라엘 백성의 아래에 놓인 공간에 자리 잡은 것과 같았다. 당시 그 백성은 하나의 새롭고 천상적인 공간으로 이끌림을 받았던 것이다. 이스라엘 백성은 밤에 그 바다를 건넜지만, 하나님의 구름 속에 있는 빛 아래서 자유를 향해 나아갔다. 이에 반해 이집트인들은 새벽녘에 그 바다를 건넜지만, 깊은 두려움에 빠져 마침내 어두운 물속에 가라앉고 말았던 것이다. 이를 통해 이스라엘 백성이 그동안 시달렸던 노예 생활의 밤은 지나가고 새로운 아침이 밝아오게 되었다.

이 일에서 가장 중요한 점은 하나님이 그 신들의 전쟁에서 마침내 승리하셨다는 데 있다. 우리에게는 이 점이 다소 의외로 여겨질 수 있지만, 당시 이스라엘 백성이 이 승리를 찬미하면서 부른 노래의 주제는 그들이 얻은 자유와 소망, 속량에 관한 것이 아니었다. 오히려 그 백성들은 주님이 바로와 그의 군대, 그가 섬기는 신들을 누르고 승리하신 일을 노래했다. 이는 이스라엘의 하나님이 친히 불과 구름으로 이루어진 그분의 전차를 타고서 그 용을 물리치셨으며, 그 용을 깊은 바다 속으로 던져 버리셨기 때문이다. "여호와는 나의 힘이요 노래시며······여호와는 용사시니······그가 바로의 병거와 그의 군대를 바다에 던지시니······여호와여 신 중에 주와 같은 자가 누구니이까"(출 15:2-4, 11). 어린이 성경이나 디즈니사의 영화들은 이스라엘이 홍해에서 건짐을 받은 기적적인 드라마에 관한 내용으로 채워져 있지만, 당시 그 백성들이 실제로 찬미했던 것은 그들의 하나님이 거두신 이 승리였던 것이다.

하나님이 이같이 승리하신 일은 이번이 마지막이 아니었다.

≪ 복습을 위한 질문 ≫

1. 애굽에 임한 재앙들이 일어난 순서에서 어떤 패턴을 찾아볼 수 있는가?

2. 그 재앙들은 어떤 면에서 '신들의 전쟁'이 되었는가? 또한 그 재앙들은 하나님에 관해 무엇을 가르쳐 주는가?

3. 당시에 물을 건너는 일이 중요한 의미를 지녔던 이유는 무엇인가?

≫ 생각을 위한 질문 ≫

1. 출애굽기 12:1-2에서 유월절 제정에 관한 도입부가 제시되는 것을 읽을 때, 그 이전과 이후의 이야기에서 직접적으로 진행되는 사건들을 잠시 벗어나 이미 이집트 땅을 벗어나 있는 이들의 관점에서 그 사건들을 돌아보게 된다. 이런 일들은 유월절을 지속적으로 경축하는 일과 원래의 역사적인 사건들 사이의 관계에 대해 무엇을 가르쳐 주는가?

2. 모세가 지팡이를 사용하는 이유는 무엇인가?

3. 출애굽기 15장에 기록된 '바다의 노래'는 어떤 면에서 이스라엘 백성의 미래를 보여주고 있는가?

05

참된 자유
[출애굽기-신명기]

이스라엘 백성이 이집트를 빠져나온 것은 겨우 출애굽의 전반부일 뿐이다. 우리는 이 점을 잊기 쉬운데, 우리 시대에는 자유가 단순히 **-로부터의** 자유, 곧 억압이나 제약 등에서 벗어나는 자유로 이해되고 있기 때문이다. 물론 해방이 지닌 이러한 측면 역시 경이로운 것이기는 하지만, 이는 전체적인 사안의 절반 정도일 뿐이다. 오히려 성경에서는 **-를 위한** 자유에 더욱 강조점을 두고 있다. 이는 곧 예배와 번영을 위한 자유이며, 순종과 기쁨과 영광 가운데서 자라가기 위한 자유인 것이다. 우리 인간들은 모든 제약을 벗어나서 우리 자신의 욕망만을 따르거나 우리 자신의 주인됨을 당당하게 뽐내면서 심지어는 스스로 신의 자리에 오르도록 만들어져 있지 않다. 오히려 모든 사람은 다른 누군가를 섬기도록 되어 있다. 그러므로 출애굽의 요점은 단지 이스라엘 백성이 옛 주인을 섬기던 데서 벗어나게 되었다는 것이 아니라, 오히려 그들이 새로운 주인이신 하나님을 섬기는 일에서 기쁨을 얻게 되었다는 데 있다.

이 강력한 진리는 기독교 제자도의 핵심을 이룬다. 하이델베르크 요리문답은 기독교의 교리를 매우 아름답게 진술한 문서로, 그 첫 문항에서 이렇게 질문하고 있다. "삶과 죽음에서 당신의 유일한 위로는 무엇입니까?" 그 대답은 심오한 깊이와 즐거움과 함께 출애굽의 특징을 담고 있다. "그 위로는 곧 **내가 나 자신의 소유가 아니며**, 내 몸과 영혼이 삶과 죽음 가운데서 내 신실하신 구주 예수 그리스도께 속한다는 것입니다." 이 세상에서 가장 자유로운 이들은 바로 그 구주의 소유가 된 이들이다. 그분을 향한 섬김은 자유이며, 순종은 기쁨이 된다.

이스라엘 백성의 출애굽이 진행되는 동안 하나님이 품으신 최종 목적은 언제나 이 일에 있었다. 모세가 불붙은 떨기나무 가운데서 그분을 대면했을 때, 하나님은 모세가 수행할 임무를 다음과 같이 말씀하셨다. "네가 그 백성을 애굽에서 인도하여 낸 후에 너희가 이 산에서 하나님을 섬기리니"(출 3:12). 이는 곧 '지금은 너희가 바로의 종으로 있다. 하지만 이 일이 모두 끝나고 나면, 너희는 나를 섬기게 될 것이다'라는 말씀이다. 실제로 드러난 바를 살펴보면, 바로를 섬기는 데서 벗어나 자유를 얻는 일은 오히려 쉬운 것이었다. 그 과업이 시작되어 마침내 완수되기까지를 묘사하는 데는 불과 열네 장이 필요했다출1-14장—옮긴이. 이에 반해 이스라엘 백성이 마침내 하나님을 섬기는 자유에 이르기까지의 과정을 묘사하는 데는 광야의 40년 세월과 책 네 권출애굽기 후반부, 레위기, 민수기, 신명기—옮긴이이 요구되었다.

출애굽 이야기의 후반부는 이스라엘 백성이 시내 산을 향해 나아가는 여정으로 시작된다. 여러 측면에서 이 여정은 이전에 모세가 불붙은 떨기나무로 나아갔던 그 여정의 특징들을 다시 보여준다. 앞서 모세가 그리했던 것처럼 이스라엘 백성은 광야에서 음식과 물을 구했다. 그리하여 쓴 물이 달게 되고 만나와 메추라기가 주어졌으며, 바위에서 물이 샘솟았다(출 15:22-17:7). 또 이스라엘 백성은 모세가 그리했던 것처럼, 그 물의 근원지에서 적들을 물리쳤으며 목자의 지팡이를 통해 승리를 거두었다(17:8-16). 그 다음에 이스라엘 백성은 모세와 마찬가지로 이드로를 만났으며, 이드로는 그들에게 음식을 베풀고 우정을 보여주었다(18:1-27). 이어서 이스라엘 백성은 모세가 그랬듯이 시내/호렙 산에 이르렀으며, 그곳에서 자신들의 임무와 계명을 받게 되었다(19-20장). 이스라엘 백성은 그 여정 가운데서 하나님이 그들에게 계시해 주신 그분의 두 가지 이름('너희를 치료하시는 하나님'과 '하나님은 나의 깃발이시다')을 알게 되었는데이 이름들은 출 15장과 17장에서 언급된다—옮긴이, 이는 하나님이 모세에게 그분의 두 이름을 계시해 주신 일과 마찬가지였다('여호와'와 '스스로 있는 자').

출애굽 이야기의 두 부분, 곧 그 백성이 바로를 섬기는 데서 벗어나 자유롭게 된 일과 하나님을 섬기도록 자유를 얻은 일은 하나님이 주신 첫 계명의 시작 부분에서 다음과 같이 탁월하게 요약되고 있다. "나는 너를 애굽 땅, 종 되었던 집에서 인도하여 낸 네 하나님 여호와니라. 너는 나 외에는 다른 신들을 네게 두지 말라"(출 20:2-3). 그리고 그다음에 선포되는 아홉 가지 계명들에는 주님을 섬기는 삶의 모습과 그 본질이 생생히 제시되고 있다. 이 열 가지 규정들은 오늘날에 이르기까지 그리스도인들이 죄에서 해방된 자로서 순종하며 살아가는 삶의 모습을 압축적으로 보여 준다. 한편 이 출애굽기 본문에서 십계명이 선포된 후에는 곧바로 그다음 율법이 제시되는데, 그 율법은 언뜻 보기에 상당히 모호한 주제를 다루고 있다. 곧 한 종이 자신의 주인을 사랑하여, 그 집을 떠날 자격을 얻은 뒤에도 계속 그 주인을 섬기기 원할 경우에 관한 규례가 바로 그것이다(21:1-6). 하지만 우리가 그 내용을 좀 더 숙고해 볼 때, 실은 이 규례까지도 참된 자유에 관한 더 넓은 요점을 지지해 주고 있음이 드러난다. 곧 종들이 자신들의 주인을 사랑할 때, 그들은 그 주인을 버리고 떠나가는 대신에 평생 그를 섬기는 쪽을 선택하게 된다는 것이다. 이는 이스라엘과 하나님 사이의 관계에서도 마찬가지였다. 그리고 이 규례를 행하는 일에 피와 문설주가 연관되어 있었다는 사실(21:6)은 우리로 하여금 유월절을 떠올릴 수밖에 없도록 한다.

출애굽기의 나머지 부분은 주된 두 사건이 지배하는데, 모두 예배의 장소를 건축하는 일과 연관되어 있다. 곧 이스라엘 백성이 금송아지를 만든 일과 모세가 성막 건설에 관해 지시를 받은 일이다. 이 사건들은 각기 거짓된 예배와 참된 예배와 관련되며, 한 사건이 문제를 낳았다면 다른 사건은 그 해결책이 된다. 이스라엘 백성이 금송아지를 숭배한 일은 전형적인 타락 이야기이다. 이 이야기에서는 하나님께 임무를 부여받은 제사장이 그 명령을 위반함으로써(아담/아론), 그 잘못의 책임이 다른 누군가에게 전가된다(하와/이스라엘 백성). 그러고는 그 잘못을 범한 이들의 수치가 드러나고, 먹는 일(흙/금송아지 가루)과 연관된 저주와 더불어 그들의 죽음이 선포된다. 또 칼을 지닌 수호자들의 존재가 확립되며(그룹들/레위 자손), 하나님이 자신의 백성에게서 그분 스스로를 분리하시는 일이 이루어진다. 이 금송아지 사건은 지금까지 출애굽기에서 진행되어 온 이스라엘 백성의 이야기 가운데서 가장 암울한 부분이다. 하지만 모세는 하나님과 이스라엘 사이의 중재자로서 그 백성을 위해 기도하고, 하나님께서 그분 자신의 백성 가운데 계속 거하여 주실 것을 간구했다. 이에 주님은 그분의 뜻을 돌이키시고 모세에게 자신의 영광을 보여주셨으며, 그분의 이름을 계시하시고 그 백성과의 언약을 새롭게 하셨다(출 34:1-35). 그리고 출애굽기의 결말 부분에서는 마침내 주님이 영광 중에 임하셔서 그 성막 안에 거하시게 된다(40:34). 출애굽기에서는 이 핵심적인 순간을 이렇게 묘사하고 있다. "모세가 회막에 들어갈 수 없었으니 이는 구름이 회막 위에 덮이고 여호와의 영광이 성막에 충만"하였다(40:35). 이 순간은 이전에 있었던 아담의 타락이 부분적으로 역전되었음을 나타낸다. 이제는 새 아담이 새로운 동산에 머물며, 하나님의 처소가 다시금 인간들 사이에 확립된 것이다. 그리고 이 순간은 이스라엘 백성이 노예 상태에서 온전히 벗어났음을 나타내는 것이기도 했다. 곧 그 백성은 짚 없이 벽돌을 만들어 바로의 성읍들을 건축하도록 강요받던 데서 벗어나, 자신들이 지닌 최상의 금과 은을 가지고서 하나님의 집을 건설하도록 초대받았던 것이다. 비록 하나님께 불순종한 이스라엘이지만, 이제는 바로의 집을 완전히 떠나서 그들의 새 주인이신 하나님의 집 안에 참여하게 되었다.

레위기와 민수기, 신명기에서는 각기 그 방식대로, 주님을 섬기는 자유가 실제적인 삶의 측면에서 어떤 식으로 드러나는지를 자세히 설명하고 있다. 레위기는 주로 하나의 규정집으로, 작성 배경이 되는 곳은 시내 산이며 그 내용은 하나님과의 친교에 초점을 맞추고 있다. 민수기는 주로 이스라엘 백성의 반역을 다룬 책으로, 그 백성이 겪은 광야의 여정이 그 문서의 배경을 이룬다. 민수기는 하나님을 향한 신앙에 그 초점을 맞추고 있다. 신명기는 주로 이전에 주어진 교훈들을 반복하는 책으로, 요단 강 건너편의 지역이 작성 배경이 된다. 신명기에서는 하나님을 따르는 일에 초점을 두며, 언젠가 하나님이 이스라엘 백성의 육신뿐 아니라 그들의 마음에도 할례를 베풀어 주실 것이라는 영광스러운 약속을 통해 절정에 이른다. 이 책들의 내용 가운데는 때로 난해한 부분도 있지만, 성경 전체의 이야기 속에서 중대한 의미를 지닌다. 이는 곧 하나님을 섬기는 자유(이것은 출애굽 이야기의 요점을 이룬다)의 참모습이 무엇이며 또 무엇이 참모습이 아닌지를 설명하며 보여 주고 있기 때문이다.

민수기에서 우리는 일종의 두 번째 출애굽 사건을 보게 된다. 이스라엘 백성은 일 년간 시내 산에 진을 친 후에 유월절을 지켰으며, 이때에는 그들 중에 있는 이방인들도 그 절기에 동참했다(민 9:1-14). 그런 다음에 그 백성은 다시 구름기둥과 불기둥의 인도를 따라 자신들의 여정에 나서게 된다. 이때 그들은 이드로의 아들을 만났으며, 사흘 길을 이동했다(10:29-36). 또 그 백성은 자신들의 불평을 모세에게 늘어놓았으며, 모세는 자신의 힘만으로는 그 모든 직무를 감당할 수가 없다고 탄식했다. 그 결과, 모세가 홀로 짊어지고 있었던 직무의 부담이 장로들에게도 분배되었다(11:1-30). 하나님은 다시 한 번 그 백성에게 하늘로부터 메추라기들을 보내 주시고(11:31-35), 바위에서 물이 나게 하시며(20:1-13), 그들이 군사적인 승리를 거두도록 하셨다(21:21-35). 이 모든 일은 첫 번째 출애굽 사건을 상기시켜 준다.

그러나 첫 번째 출애굽 때에 그러했듯이, 이스라엘 백성은 다시 한 번 실패하게 된다. 그 백성은 가나안 땅 침공을 준비하기 위해 정탐꾼들을 침투시켰는데, 그들이 나쁜 소식을 가지고서 돌아온 것이다. 앞서 모세는 40일간 하나님의 산 위에 있었고, 그 기간 동안 이스라엘 백성은 금송아지를 만들었다. 그리고 이제는 그 정탐꾼들이 40일간 하나님의 땅에 머물렀으며, 그 결과로서 백성들은 자신들의 장래를 저버리고 말았다(민 14:1-12). 모세는 다시 금 그 백성을 위해 기도했으며, 하나님은 다시 그들을 멸망시키려 던 뜻을 돌이키셨다. (다만 그 정탐꾼들 중 일부는 징벌을 받았다.) 그 러나 이스라엘 백성이 하나님의 뜻을 거슬러 반역한 것은 이때가 마지막이 아니었다. 그 백성의 지도층들이 모세에 맞서 쿠데타를 시도했으며(16:1-50), 이후에는 더욱 불행하게도 그 백성이 모압 땅에서 대규모의 우상 숭배와 성적인 음행에 연루되었던 것이다 (25:1-18). 모압 땅에서 벌어진 이 일은 앞서 있었던 금송아지 사 건과 매우 닮은 성격을 지니며, 그 결과까지도 동일하게 파괴적인 모습으로 나타나게 된다. (이때에는 그 백성에게 죽음을 가져오는 재 앙이 임했으며, 한 레위인이 칼을 들고서 우상 숭배를 범한 이스라엘 백 성을 제거했다.) 이 두 번째 출애굽 사건은 하나님이 여전히 그 백 성을 사랑하심을 보여주는 동시에 이스라엘 백성이 여전히 악한 일을 사랑하고 있음을 드러낸다.

참된 자유에 대한 가장 큰 위협은 외적인 억압 때문에 임하는 것이 아니라, 오히려 그 백성의 내부에서 생겨났던 것으로 보인 다. 하나님이 이스라엘 백성을 바로의 노예 상태에서 건져 내시는 데는 오직 열 가지 재앙이 요구되었을 뿐이었다. 그러나 그분이 그 백성을 자신들의 자아와 죄, 성(性)과 탐욕, 우상 숭배에 예속된 상태에서 구해 내시기 위해서는 열 가지 계명과 그분을 향한 이스 라엘 백성의 열 차례에 걸친 반역, 그리고 그에 따른 심판들이 요 구되었다(민 14:22). 그리고 결국 그 백성의 한 세대 전체가 광야에서 죽게 되었으나, 그 후에도 이런 문제들은 끈질기게 지속되었다. 따라서 참된 노예 상태는 그저 육신적인 예속을 가리키는 것이 아니라 우리의 영혼이 속박된 상태를 말한다. 한 나라 또는 개인이 그 영적인 속박에서 풀려나서 마침내 하나님이 의도하신 원래의 모습을 회복하기 전까지, 그들의 출애굽은 아직 불완전한 상태로 남게 된다.

문화 비평가인 닐 포스트먼은 올더스 헉슬리의 『멋진 신세계』와 조지 오웰의 『1984』에 나오는 시나리오들을 서로 비교하면서 이와 유사한 요점을 제시하고 있다. 그의 설명에 따르면, 오웰은 우리의 자유가 외적인 힘들에 의해 파괴되는 미래를 상상했고(스파이들과 감옥, 고문실과 국가 등이 그런 힘들이다), 헉슬리는 우리의 자유가 우리 내면의 적들에 의해 무너지는 미래를 상상했다(우리 자신의 본성적인 욕망이나 이기주의, 향락주의와 여가 등이 그런 적들이 된다)고 한다. 그리고 포스트먼은 오웰이 아니라 헉슬리가 옳았다고 지적한다.[1] 우리는 근래에 인기를 끌었던 수잔 콜린스의 『헝거 게임』에서도 이와 유사한 사례를 찾아볼 수 있다. 이 소설에서는 캐피톨에 있는 군중, 곧 녹색 머리를 하고서 얼빠진 태도로 유명 인사들에게 열광하는 그들이 여러 측면에서 '12구역'에 있는 굶주린 부랑자들보다 무언가에 더 속박되어 있고 자유롭지 못하며 불쌍한 모습으로 등장한다. 그들은 눈에 보이지 않는 무언가에 매여 있지만, 그들의 노예 상태는 더욱 뚜렷이 드러나는 것이다.

《 1악장: 노예들의 집 밖으로 》

우리가 말하는 성경적인 자유에는 위에서 논한 출애굽 여정의 두 부분이 모두 포함된다. 그 자유는 곧 오웰과 헉슬리가 상상한 악몽 같은 세계들 모두로부터 건짐 받는 것을 의미하며, 타인과 자아의 폭정, 그리고 이집트의 노예 상태와 이스라엘 백성의 탐욕 모두로부터 구출되는 것을 나타낸다. 하지만 캐피톨의 시민들이나 헉슬리의 『멋진 신세계』에 등장하는 인물들이 그러했듯이, 오늘날 많은 사람들은 자유를 그런 식으로 바라보지 않는다. 요한복음 8장의 유대인들처럼, 오히려 그들은 자신들에게 특별히 자유가 필요하지 않다고 생각하는 경향이 있다. 이는 그들 자신이 아무에게도 속박된 적이 없기 때문이라는 것이다. 하지만 출애굽의 이야기를 읽는 우리 독자들에게, 이 자유에 관한 문제의 해결책은 바로 예수님이 그 유대인들에게 말씀해 주셨던 내용에 있다. "죄를 범하는 자마다 죄의 종이라.……아들이 너희를 자유롭게 하면 너희가 참으로 자유로우리라"(요 8:34, 36).

≪ 복습을 위한 질문 ≫

1. 출애굽의 이야기는 우리 문화권이 가지고 있는 자유에 관한 신념에 어떤 도전을 제기하는가?

2. 이스라엘 백성의 이야기는 어떤 면에서 모세의 이야기에 담긴 패턴을 따라가고 있는가?

3. 금송아지 사건은 어떤 면에서 하나의 타락 이야기를 이루는가?

≫ 생각을 위한 질문 ≫

1. 성막은 시내 산과 어떻게 연관되는가?

2. 하나님의 백성이 노예 상태에서 건짐을 받아 새로운 주인이신 하나님을 섬기게 된다는 출애굽의 주제는 복음의 메시지를 어떤 식으로 조명해 주는가?

3. 이스라엘 백성이 이집트에서 구출되어 약속의 땅으로 들어가기 전까지의 기간 동안 고통스러운 광야의 경험들을 겪어야만 했던 이유는 무엇인가?

06

여정의 끝

〚 여호수아 1–7장 〛

이스라엘 백성은 요단 강을 건너 약속의 땅에 들어감으로써 마침내 출애굽 여정의 목적지에 도달했다. 가나안 땅 정복이 이루어지기 전까지, 출애굽 이야기는 미완성 상태에 있는 것처럼 보였다. 우리는 그 백성이 진camp에 머물기보다는 자신들의 집에 거주하고, 만나와 메추라기보다는 우유와 꿀을 먹고 마시며, 결국 장막보다는 성전에서 예배하게 되었다는 것을 안다. 하지만 여호수아서의 기능은 단순히 하나의 이야기를 완성하는 데 그치지 않는다. 오히려 여호수아서에서는 성경의 음악적인 특성에 걸맞은 방식으로 출애굽의 악장을 마무리 지으면서 그 악장의 주제들을 다양한 종류의 미묘한 변주로써 재현하고 있다. 그리고 이런 변주들은 뒤에 이어지는 악장들의 내용을 구성하게 될 멜로디와 리듬들을 미리 나타내 보인다.

출애굽 이야기를 처음 들어보는 어린아이일지라도, 이스라엘 백성이 홍해를 건넌 일과 요단 강을 건넌 일 사이의 유사점을 알아차릴 수 있다. 이 두 사건은 실로 닮은 점이 많은데, 몇몇 성경 본문에서는 이 사건들을 서로 결합시켜 서술하고 있다. 예를 들어 시편 114:3에서는 이렇게 언급한다. "바다가 보고 도망하며 요단은 물러갔으니." 또 이스라엘 백성이 홍해의 강둑에서 승리의 노래를 불렀을 때, 그 백성은 마치 약속의 땅을 물려받는 일이 이미 성취된 것처럼 여기면서 하나님을 찬미했다. "주께서 백성을 인도하사 그들을 주의 기업의 산에 심으셨나이다"(출 15:17, NRSV) _{개역개정판에는 "심으시리이다"로 번역되어 있다 ─ 옮긴이}. 이 같은 본문들은 그 백성이 이집트에서 빠져나온 여정과 약속의 땅으로 들어가는 여정이 본질상 하나였음을 보여준다. 그들이 홍해와 요단 강을 건넌 일들은 광야의 여정 앞뒤를 둘러싸고 있었으며, 광야의 시간은 중간기와도 같았다. 하나님은 이스라엘 백성이 그 안에 계속 머무르기를 결코 의도하지 않으셨다. 고대 세계의 강과 바다가 오늘날의 국경선 같은 것이었다고 한다면, 그 백성이 겪은 광야 여정 전체는 마치 영국과 유럽 대륙 사이의 해협을 건너는 여객선을 타는 일에 견줄 수 있을 것이다. 우리는 도버 _{영국의 도시 이름 ─ 옮긴이} 에서 출발해 영국 국경을 벗어나 칼레 _{프랑스의 도시 이름 ─ 옮긴이} 를 통해 프랑스 국경에 도달하게 된다. 하지만 이 두 국경 사이에 있을 때는 어느 한 나라에도 속하지 않은 채로 바다 위에 떠서 그 여정의 끝을 기다리게 된다. 그러므로 이스라엘 백성이 두 강과 바다를 건넌 일 사이의 유사점은 중대한 의미를 지닌다. 그 유사점들을 통해 우리는 출애굽 여정을 근본적으로 하나의 이야기를 이루는 것으로 바라보는 데 도움을 얻기 때문이다. 곧 우리가 영국에서 도버 해협을 건너 프랑스로 이동하는 것과 마찬가지로, 그것은 이집트에서 광야를 지나 약속의 땅으로 나아가는 여정이었던 셈이다. 그 여정을 두 개 또는 그 이상의 분리된 사건들의 연속으로 바라보는 것보다는 이와 같은 관점이 더 실제에 가깝다.

이러한 하나됨과 완성의 느낌은 그 백성이 이집트를 빠져나온 여정과 약속의 땅으로 들어가는 여정 사이에 존재했던 온갖 종류의 사소한 연관성들을 통해 입증된다. 이스라엘 백성이 광야를 방황했던 시기는 가나안 땅에 정탐꾼들을 보낸 일과 함께 시작되었으며, 그 방황이 끝나는 것 역시 그와 동일한 방식으로 이루어졌다(수 2장). 모세가 갓난아기였을 때 그는 한 용감한 여인의 꾀를 통해 목숨을 건졌다. 이는 라합의 기지를 통해 목숨을 건진 이스라엘의 정탐꾼들도 마찬가지였다. 또 이스라엘 백성이 요단 강을 건넌 후에 처음으로 행한 일들은 기념비를 세우고 남자들에게 할례를 베푸는 동시에 유월절을 지키는 것이었다(수 4-5장). 이는 앞서 그 백성이 홍해를 건너기 전에 행한 일과 마찬가지였다. 그리고 그들이 홍해를 건넌 뒤에 하나님이 만나를 내려 주셨던 일은 그 백성이 가나안 땅의 소산물을 먹게 되었을 때 곧바로 중단되었다(수 5:12). 그런 다음에 여호수아가 여호와의 군대 대장을 만났을 때 그는 자신의 발에서 신을 벗어야만 했으며(수 5:13-15), 이는 모세가 하나님을 처음으로 대면했을 때 행한 일과 마찬가지였다. 또 그 후에 이스라엘 백성은 여리고 사람들을 진멸했지만, 자기 집 창문에 붉은 줄을 매달아 둔 이들의 목숨만은 살려 주었다. 이는 앞서 주님의 천사가 이집트에 파멸을 가져올 때, 자신들의 집 문설주에 어린 양의 붉은 피를 발라 둔 이들의 생명만은 구해 준 것과 마찬가지였던 것이다.

이뿐 아니라 여호수아의 삶 역시 모세의 생애를 재현하고 있다. 이 둘은 모두 하나님께 택하심을 받았고, 그 백성의 지도자로 나서게 될 때에 그분과 대면한 바 있다. 또 자신들의 손을 뻗음으로써 이스라엘 백성의 승리를 가져왔으며 출17장과수8장참조—옮긴이, 장로들과 관리들의 도움을 얻어 그 백성을 하나로 연합시켰다. 그리고 이 둘은 모두 하나님이 자신과 함께하신다는 약속을 받았으며, 정탐꾼들을 파송하는 한편 자신들의 뜻을 거스르는 이스라엘 백성을 상대했다. 이 둘 모두 제단을 쌓고 하나님과 그 백성 사이를 중재했으며, 그들의 나이 많음이 성경에 구체적으로 언급된 것도 유사하다(모세의 경우에는 120세, 여호수아의 경우에는 110세였다). 또 이 둘은 모두 이스라엘 백성 앞에서 고별 연설을 하면서 하나님께 순종할 것을 강권했고, 이 둘 모두 "여호와의 종"으로 여겨졌다(신 34:5, 수 24:29). 이런 메아리들이 중요한 의미를 갖는 이유는, 단지 이 두 이야기가 하나님께서 세심하게 조직하신 전체적인 이야기의 각 부분들임을 입증해 주기 때문만은 아니다. 이 메아리들은 또한 성경의 그 뒷부분, 특히 신약에서 다시 등장하게 될 주제를 미리 제시해 준다는 점에서 중요하다. '광야의 선지자'들이 행한 사역은 물과 결부되어 있었으며, 그들의 사역은 구원의 일에 결부된 '땅의 선지자'들을 위해 길을 내었다. 모세는 여호수아에게 임무를 부여했다('여호수아'라는 이름은 '주님이 구원하신다'라는 뜻이다). 엘리야는 엘리사를 자신의 후임자로 삼았다('엘리사'라는 이름은 '하나님이 구원하신다'라는 뜻이다). 세례 요한은 예수님이 오실 길을 예비했다('예수'라는 이름 역시 '주님이 구원하신다'라는 뜻이다). 이제는 여러분도 그 일들의 의미를 헤아릴 수 있을 것이다.

우리가 모세와 여호수아의 이야기를 서로 비교할 때, 가장 명백히 드러나는 차이점은 핵심 사건들이 정반대 순서로 전개된다는 것이다. 그 백성이 약속의 땅으로 들어가는 여정에서는 먼저 그 땅에 정탐꾼들을 보내고, 요단 강을 건넌 뒤 그 일을 기념하는 시간을 가졌다. 그런 다음 유월절을 지키고 할례를 행한 뒤, 여리고 성의 사람들을 진멸했다. 그러나 그 백성이 앞서 이집트를 빠져나온 여정에서는 먼저 이집트인들의 맏아들들을 진멸한 뒤에 유월절을 지키고 할례를 행했다. 그런 다음에 홍해를 건넌 뒤 그 일을 기념하고, 이후 약속의 땅에 정탐꾼들을 보냈다. 그러나 여호수아의 이야기 속에는 또 다른 차이점과 특이점들 역시 존재한다. 그 이야기는 원래의 출애굽 사건을 단순히 반복하거나 완성하는 데 그치지 않고, 이후에 이스라엘의 이야기가 계속 진행되어 감에 따라 중요한 의미를 지니게 될 방식으로 그 사건을 미묘하게 변화시켜 놓았던 것이다. 곧 여호수아 이야기의 경우, 요단 강 물의 흐름을 멈추게 만든 것은 선지자의 지팡이가 아니라 주님의 언약궤였다. 그리고 이스라엘 백성이 그 강을 건널 때, 하나님은 그들의 뒤가 아니라 그들의 앞에 함께하셨다. 또 여호수아의 이야기의 경우, 자신의 꾀로 이스라엘 정탐꾼들의 목숨을 살린 것은 그 백성에 속한 산파나 어머니가 아니라 한 이방인 창기였다. 라합의 '유월절' 사건에서는 그녀의 집 창문에 늘어뜨린 붉은 줄을 통해 온 가족이 생명을 건지게 되었는데, 이 '유월절' 사건은 이스라엘의 맏아들들이 아니라 한 사람의 이방인 여인에게 주어졌던 것이다. 이처럼 그 이야기 가운데서는 이방인을 향한 하나의 소망이 싹트고 있었다.

위에서 본 것처럼 이스라엘 백성이 홍해를 건넌 일과 요단 강을 건넌 일 사이에 존재하는 음악적인 메아리들은, (다소 놀라울 수 있지만) 독자들이 불편하게 여기곤 하는 여호수아서의 폭력을 이해하는 데에도 도움을 줄 수 있다. 우리가 가나안 땅의 정복을 출애굽의 완성으로 이해하면서 이 두 이야기를 나란히 놓고 읽어 갈 때, 이 이야기들 사이의 유사점은 아래에서 살펴볼 두 가지 요점을 추가적으로 드러내 준다.

그중 첫 번째 요점은, 이제 하나님께서 죽음의 천사가 아닌 이스라엘 백성을 그분의 도구로 삼아 심판을 시행하신다는 것이다. 사람들이 종종 언급하는 것과는 달리, 이 이야기에서 그 백성은 일차적인 행위자가 아니다. 곧 그들은 자신들의 영역을 확보하

《 1악장: 노예들의 집 밖으로 》

려는 욕심에서 다른 민족들에게 속한 땅을 침탈한 뒤, 신적인 재가를 빌미로 삼아 자신들의 행위를 정당화한 이들이 아닌 것이다. 실제로는 그와 정반대이다. 이 이야기에서는 일차적으로 하나님이 그 민족들에 대한 심판을 시행하시며, 그분은 이스라엘 백성을 이 일의 도구로 삼으셨다. 이는 그분이 앞서 유월절 밤에 죽음의 천사를 자신의 도구로 사용하셨던 것과 마찬가지였다. 여호수아서의 이야기에서는 이 점을 매우 분명히 밝히고 있다. 여리고의 성벽이 무너진 것은 이스라엘의 군사력 때문이 아니라, 그들이 분나팔 소리 때문이었다. (그들이 실제로 행한 일은 그 성 주위를 도는 것뿐이었으므로 승리의 원인을 그들의 군사력에 돌리는 것은 말 그대로 우스운 일이 될 것이다.) 그리고 여호와의 군대 대장을 만난 여호수아가 그에게 "너는 우리를 위하느냐 우리의 적들을 위하느냐" 하고 물었을 때, 그 대장은 다음과 같은 유명한 답을 남겼다. "아니라"(수 5:13-14). 나아가 '인종 청소'나 '종족 학살'의 관행과는 대조적으로, 신실한 가나안 사람들(라합과 그 가족들)은 생명을 건진 반면에 불신실한 이스라엘 백성(아간과 그의 가족)은 목숨을 잃게 되었던 것이다. 물론 이러한 정복의 이야기들을 읽는 방법에 관해서는 훨씬 더 많은 내용을 언급할 수 있다. (그리고 실제로 언급되어 왔다.) 하지만 우리가 그 이야기들에 관해 다른 무엇을 언급하든 간에, 위에서 다루었듯이 유월절의 천사와 이스라엘 백성 사이에 존재하는 유사점은 곧 그 백성이 하나님의 목적들을 성취하기 위한 도구였음을 보여준다. 그리고 그 반대의 경우 하나님께서 그 백성의 목적을

_{이루기 위한 수단이 되셨다는 것 —옮긴이}는 성립하지 않는다.[1] 전쟁은 그들 자신의 것이 아니라, 오직 주님께 속한 것이었다.

두 번째로 우리는 아간의 비극적인 이야기가 또 하나의 타락 이야기로서, 앞서 그 백성이 금송아지를 만들었던 사건과 동등한 의미가 있음을 깨닫게 된다. 아간은 여리고 점령 시에 하나님께 바쳐졌던 물건들 중 일부를 훔쳐 자신의 수중에 보관했다. 어쩌면 이런 비극은 이미 예상할 수 있는 일이었는지도 모른다. 당시 이스라엘 백성은 요단 강을 건너서 적들을 누르고 승리를 거두었을 때, 우상 숭배의 잔여물들을 온전히 파괴하지 않고 자신들의 유익을 위해 사용했다. 그 결과로 3,000명의 백성들이 아이 성 전투에서 패배했으며, 여호수아는 자신의 옷을 찢으면서 절망 가운데서 하나님께 부르짖었고, 하나님은 그 백성을 불러 모으셔서 그 죄를 범한 자들을 심판하셨다(수 7:1-26). (앞선 첫 번째 출애굽 이야기의 경우, 우상 숭배를 범한 것은 이스라엘 백성 전체였다. 그리고 이때에는 그저 전투에서 패배를 겪는 데 그치지 않고 실제로 3,000명이 죽임을 당했다.) 이러한 비극은 이스라엘 백성이 그 땅을 물려받았다고 해서 완전한 사람이 된 것이 아님을 우리에게 일깨워 준다. 이는 그 백성이 앞서 이집트에서 해방되었을 때에도 마찬가지였다. 흥미롭게도, 이 같은 타락의 패턴은 신약에서 세 번째로 반복되고 있다. 사도들이 사역하던 그 당시에는 하나님의 임재가 그분의 백성 가운데 임했으며, 이에 따라 그 공동체는 승리를 누리기 시작하고 있었다. 바로 그때 한 가정이 하나님께 속한 것을 훔치고자 했으

며, 그 결과 그들은 죽임을 당하고 말았다(행 5:1-10). 이 사건에서 아나니아와 삽비라는 새로운 아간이었으며, 베드로는 새로운 여호수아였다.

이스라엘 백성의 출애굽 여정이 끝나감에 따라 우리가 헤아릴 수 있는 주된 사실은 하나님께서 그분의 백성을 자유의 땅으로 인도해 가는 일에 신실하게 헌신하셨다는 것이다. 우리는 이 여정 가운데서 그 백성이 하나님을 불신하고 원망하며, 그분의 뜻을 거스르고 탐욕을 부릴 뿐 아니라 폭동을 일으키고 우상 숭배를 범하는 모습을 보았다. 하지만 어떤 일이 벌어지든 간에 하나님께서 자신의 자녀들을 향한 언약의 약속들을 충실히 지키시는 모습 또한 보게 된다. 여호수아는 그분의 백성을 젖과 꿀이 흐르는 땅으로 인도해 갔으며, 그 땅은 그들이 직접 건축하지 않은 성읍과 포도원이 가득한 곳이었다. 이 모습을 지켜보는 우리는 언젠가 온전한 자유가 임할 것과 그때에 여호수아보다 더 훌륭하고 참되신 분이 하나님의 백성들을 인도하여 물속을 건너실 것임을 상기하게 된다. 그분은 창녀와 죄인들, 이방인들을 구원하실 것이며, 그들 모두에게 평화와 번영, 안식을 유업으로 베풀어 주실 것이다. 이 일은 다만 아직 이루어지지 않았을 뿐이다.

≪ 복습을 위한 질문 ≫

1. 이스라엘 백성이 약속의 땅으로 들어간 일은 어떤 면에서 그들이 이집트를 떠나온 일을 연상시키는가?

2. 모세의 사역과 여호수아의 사역은 어떻게 연관되는가?

3. 아간의 이야기가 주는 교훈은 무엇인가?

≫ 생각을 위한 질문 ≫

1. 라합의 이야기는 어떻게 유월절 내러티브가 되는가?

2. 예수님은 어떤 식으로 여호수아의 이야기를 성취하셨는가?

3. 성경의 출애굽이 지닌 음악적 특성은 약속의 땅이 갖는 의미를 이해하는 데 어떤 도움을 주는가?

2악장

Second Movement

창세기 속의 출애굽

07

안식의 백성

[창세기 6-9장]

인류의 이야기는 탈출이 아닌 추방 사건과 함께 시작되었다. 에덴동산의 비극이 바로 그 사건이다. 노예로 있던 곳을 벗어나 젖과 꿀이 흐르는 땅으로 가는 대신에, 풍요로운 땅을 떠나서 가시덤불과 엉겅퀴, 노동의 수고와 죽음이 기다리는 세계에 들어가는 것으로 우리의 이야기는 시작된다. 어떤 의미에서, 아담과 하와가 에덴동산에서 추방된 일은 **이집트를 향해** 갔던 이스라엘 백성의 여정과도 같았다. 이는 곧 하나님의 백성을 억압과 좌절로부터 구출하며, 최종적으로는 이 창조 세계 전체를 해방시키기 위한 일련의 준비 과정이었던 것이다. 이런 구원의 역사는 곧 예수님 안에서 궁극적으로 성취될 일이었다. 아울러 이 에덴동산의 추방은 그 후에 이어질 여러 출애굽 이야기들의 배경이 되는 사건이기도 했다.

그리고 그중 첫 번째 이야기는 노아의 때에 생겨났다.

창세기 3-6장의 세계는 출애굽기 1-2장의 세계와 매우 유사해 보인다. 의인들과 사악한 자들이 있으며, 그 사악한 자들은 의인들을 억압하고 심지어 죽이기까지 했다. 곧 가인은 아벨을 살해했으며, 라멕 역시 한 남자를 죽였다. 그리고 라멕에게 여러 아내가 있었던 점은 그가 다른 남자들 역시 죽이거나 노예로 삼았을 수도 있음을 보여준다. 당시에 천상적인 존재들은 자신의 뜻대로 인간의 여자들을 취하여 아내로 삼았다. 이때 인류는 참으로 깊은 사악함에 빠져 있어 모든 계획이 늘 악할 뿐이었다. 세상은 폭력으로 가득 차 있었다.

하지만 하나님은 무고한 이들의 부르짖음을 들으셨다. 그들은 주님의 이름을 불렀으며(창 4:26), 그분과 동행했고(5:22의 에녹을 보라), 흠 없는 자들로서 그분 앞에서 은혜를 입었던 것이다(6:8-9의 노아를 보라). 이때에 우리는 하나님이 사악한 자들을 심판하고 의인들을 해방하기로 결정하시는 모습을 보게 된다. 하나의 출애굽 사건이 다가오고 있었던 것이다.

그 출애굽은 한 아이의 출생과 함께 시작되었는데, 특히 **노아**, 곧 '안식'을 뜻하는 그의 이름을 통해 이 점을 헤아리게 된다. 성경의 출애굽 이야기들은 종종 어린아이들의 이름을 짓는 일과 함께 시작된다. 곧 모세와 사무엘, 요한과 예수님의 이름 등이 그렇다. 노아의 경우, 하나님이 주신 약속은 이 세상이 그를 통해 '안식'을 발견하게 되리라는 것이었다. 하지만 노아는 이후의 모세와 마찬가지로, 이 세상을 둘로 나눔으로써 이 안식을 성취하게 되어 있었다. 곧 의와 하나님을 향한 신뢰를 선포한 노아의 메시지는 그 자신의 가족을 구원하는 결과를 낳았지만, 강포한 자들로 하여금 심판과 정죄를 당하도록 만들었던 것이다(히 11:7, 벧후 2:5).

이때 하나님이 자신의 백성을 건져 내기 위해 택하신 방편은 물론 노아의 방주였다. 우리 중 많은 이들은 어린이 성경의 영향과 과학적인 우려로 인해, 그 방주에 관해 그다지 깊이 생각하지 않는 경향이 있다. 하지만 실제로 그 방주에는 상징적인 의미가 풍성하게 담겨 있다. 노아의 방주는 역청이 그 안팎에 칠해진 배로서, 물속에서도 사람들을 안전하게 보호하도록 고안되었다. 그리고 이후에 모세를 물속에서 건져 줄 갈대 상자 역시 이와 동일한 특성을 지녔다. 또 창세기 본문에서는 그 방주의 구조를 자세히 묘사하는데, 그 배 안에 있는 세 개의 층은 곧 이 창조 세계의 삼층 구조(물과 땅, 하늘)를 상징하는 것이었다. 그리고 이 배는 동물들로 가득 차게 되는데, 이는 옛 창조 세계의 한가운데서 새로운 세계가 시작되었음을 나타냈다. 또 그 배에는 모든 동물이 한 쌍씩 들어갔지만 정결한 동물은 일곱 쌍씩 들어가게 되었는데, 이는 곧 그 동물들을 통한 제사가 이루어질 것임을 보여주었다. 그러므로 노아는 새로운 세상 가운데서 새로운 제사장의 역할을 감당하게 되어 있었다.

출애굽의 관점에서 볼 때, 노아의 방주는 사악한 자들에게 임하는 물의 심판으로부터 자신의 백성들을 안전하게 지키시는 하

《2악장: 창세기 속의 출애굽》

나님의 방편이었던 것이 분명하다. 이스라엘 백성과 이집트인들이 모두 홍해에 들어갔지만 그중 한쪽만이 무사히 그 건너편에 이르렀듯이, 노아의 가족들과 당시 세상의 사람들 모두 깊은 홍수 속에 들어갔지만 그중 한편만이 살아서 그 바깥으로 빠져나올 수 있었던 것이다. 또 이스라엘 백성이 유월절에 자신들의 집 안에 들어가 문을 닫음으로써 하나님의 심판을 피했듯이, 노아 역시 자신의 가족들을 그 방주 안으로 인도하여 들인 후에 "여호와께서 그를 들여보내고 문을 닫으"셨다(창 7:16). 그리고 모세가 정탐꾼들을 보내어 약속의 땅을 살펴보게 했듯이, 노아 역시 까마귀와 비둘기를 보내서 홍수가 그쳤는지를 알아보게 했다. 또한 하나님이 이스라엘 백성을 기억하시고 그들을 시내 산으로 인도하셔서 그곳에서 그들에게 새로운 언약과 규례를 주시고 궁극적으로는 안식을 베푸셨듯이, 그분은 노아 역시 기억하시고(8:1) 그를 아라랏 산으로 안전하게 이끌어 가셨던 것이다. 그곳에서 하나님은 노아에게 새로운 언약과 규례를 베푸시고 그가 안식할 처소를 마련해 주셨다. 그러므로 노아는 모세와 같으며, 아라랏 산은 곧 시내 산이었던 것이다.

그런데 이 두 이야기의 유사성은 또 다른 측면에서도 나타난다. 이제 우리는 출애굽의 이야기들에 종종 타락 이야기들이 수반됨을 아는데, 노아의 이야기에서 일어난 일이 바로 그것이었다. 여기서 하나님은 노아의 가족들에게 생육하고 번성하며 온 땅에 충만히 퍼지라는 임무를 주신다. 그러고는 그들이 그분의 형상으로 지음 받았다는 점을 다시금 선포하신다. 이때 노아는 생육과 완성, 안식의 상징인 포도원을 가꿈으로써 좋은 출발을 보였다. (이는 이후에 가나안 땅이 감미로운 포도나 풍성한 포도주와 연관되었던 이유이기도 하다.) 하지만 바로 그다음에, 우리는 노아가 머물렀던 그 약속의 땅이 다시금 유혹과 타락의 장소로 변질되는 모습을 보게 된다. 창세기 9장의 이야기에서는 하나님의 명령과 열매, 유혹과 죄, 벌거벗음과 수치, 의복과 저주, 축복과 더불어 마침내 찾아오는 죽음의 주제들이 등장하는데, 이는 우리에게 고통스러울 정도로 친숙한 것들이다. 당시 노아의 출애굽 사건은 사악한 자들에게는 심판을, 억압받던 이들에게는 자유를 가져다주었다. 하지만 그 후에도 사람들은 여전히 타락한 상태에 머물렀는데, 그들 속에 죄가 자리 잡고 있었기 때문이다. 그렇기에 더욱 위대한 출애굽이 여전히 요구되었다.

한편 베드로가 이 이야기 전체를 세례에 대한 하나의 상징으로 보았던 것은 이상한 일이 아니다(벧전 3:18-22). 그 자체만을 두고 볼 때, 당시의 세상이 홍수에 잠긴 것은 기독교적인 삶의 시작점에 대한 적절한 유비로 보이지 않을 수도 있다. 하지만 베드로는 세례를, 성경에서 자주 등장하는 음악적인 주제를 보여주는 또 하나의 사례로 여겼던 것이다. 그 주제는 곧 하나님의 백성들이 거듭해서 "물로 말미암아 구원을" 얻었다는 것이었다(20절). 역사 속에서 하나님은 물을 사용해서 자신의 백성을 그들 주변의 세상으로부터 분리시키시며, 이를 통해 그들을 심판에서 보호해 주곤 하셨다. 그러므로 기독교적인 삶의 출발점이 물속을 통과하는 여정을 통해 표현되는 것은 매우 자연스러운 일이었다. 21절에서 베드로는 이렇게 기록한다. "세례는 이 일에 상응하는 것으로서, 이제 너희를 구원하느니라"(ESV). (이런 베드로의 언급은 신실한 개신교인들에게 다소 근심을 가져다줄 수 있지만, 이는 또 다른 이야기이다.) 우리는 노아와 마찬가지로 하나님 앞에서 은혜를 입었으며, 우리를 다가올 심판에서 능히 구해 주실 분 안에 거하게 되었다. 곧 하나님이 친히 자신의 손으로 우리를 그 안에 두시고 인을 치셨으며, 그런 다음에는 우리가 세례의 물속을 통과하여 언약과 약속, 번영의 땅으로 인도함을 받게 되었던 것이다. 그러므로 각 그리스도인들은 한 사람의 **노아**이며 안식의 백성이다.

1. 노아의 방주는 어떤 면에서 창조 세계의 축소판과 같은가?

2. 노아 홍수 내러티브에 등장하는 출애굽의 주제들을 몇 가지 열거해 보라.

3. 노아의 홍수는 그리스도께서 베푸시는 구원을 이해하는 데 어떤 도움을 주는가?

≫ 생각을 위한 질문 ≫

1. 창세기의 홍수 이야기는 출애굽의 이야기를 처음 듣는 이들이 그 이야기를 이해하는 데 어떤 영향을 끼쳐 왔을까?

2. 노아는 어떤 면에서 아담을 닮았는가?

3. 물은 성경에 있는 여러 구원 이야기들 속에서 중요한 위치를 지닌다. 물의 어떤 자연적인 속성 때문에 그런 위치를 얻게 된다고 생각하는가?

러시아 인형들

[[창세기 10-15장]]

아브람은 처음부터 끝까지 출애굽의 성격을 지닌 삶을 살았으며, 이는 그의 집안에 속한 대부분의 사람들 역시 마찬가지였다(이 점에 관해서는 9장에서 살펴보게 될 것이다). 아브람은 그 백성의 선조로서 그들의 정체성이 근본적으로 출애굽 경험에 의해 형성되었다. 그러므로 이 일은 그리 놀라운 것이 아닐 수 있다. 우리가 이미 살펴보았듯이, 성경에서 하나님은 종종 각 사람들이 겪는 삶의 초기 단계에서 이후에 닥쳐올 일을 위해 그들을 준비시켜 가시곤 하기 때문이다. (그분은 지금도 여전히 그렇게 행하신다.) 하지만 아브람의 이야기 가운데서는 출애굽의 주제에 대한 몇 가지 주목할 만한 변주가 나타나고 있다.

그 이야기는 하나의 건축 계획과 함께 시작되었다. 노아의 아들 함의 후손인 니므롯이 바벨이라는 성읍의 기초를 놓았으며, 그 다음에는 셈의 후손들이 동쪽으로 이동해서 그 성읍과 탑을 건설하는 일에 동참했다. 그들은 (하나님의 이름이 아닌) 자신들의 이름을 높이기 원했으며, (하나님이 주신 임무를 받들어 온 땅에 충만하기보다는) 자신들이 사방으로 흩어지는 일을 피하려 했던 것이다. 이두 가지 이유로, 주님은 그 성읍을 무너뜨리는 동시에 그 성읍을 건축한 이들을 사방으로 흩어 버릴 일을 계획하셨다. 그러므로 아브라함의 출애굽이 시작될 즈음에, 우리는 함의 후손이 착수한 신성모독적이며 제국적인 건축 사업에 셈의 후손들이 동원되고 있는 모습을 보게 된다. 그리고 하나님은 그 백성들을 심판하는 동시에 그들이 섬기는 신들에게 굴욕을 주기 위해 준비하셨다. 이모든 멜로디는 이후 출애굽기 1장에서 다시 등장한다.

데라와 아브람, 그리고 그들의 가족은 바벨 근처에 있는 우르지방 출신으로, 이곳은 오늘날 우리가 이라크라 부르는 지역이다. 성경 본문에서 이들의 이야기를 읽다 보면, 우르가 우상 숭배가 성행한 지역이며 황폐한 곳이기도 했음을 보여주는 몇 가지 단서를 발견하게 된다. 당시 아브람의 형제인 하란은 그곳에서 죽었으며, 아브람의 아내 사래는 아이를 낳지 못하는 상태에 있었다. 그리고 데라는 자신의 가족들을 이끌고서 우르를 떠나 가나안 땅으로 나아갔다. 하지만 그들은 그 여정을 중간에 멈춘 뒤 하란에 정착했으며(이곳의 이름은 아마도 아브람의 죽은 형제인 하란에게서 유래했을 것이다), 데라 자신도 그곳에서 숨을 거두었다. 우리는 이후 아브람의 가족들이 번성하여 큰 무리를 이루는 모습을 보게 되는데, 당시 그들은 황폐한 땅을 벗어나서 약속의 땅으로 인도함을 받고 있었다. 그들의 모든 양 떼와 소 떼도 그들과 함께였다. 이것은 곧 하나의 출애굽 여정이었다.

이집트를 떠나온 이스라엘의 여정과 마찬가지로, 아브람의 출애굽 역시 두 단계에 걸쳐 진행되었으며 그 중간에 상당히 긴 체류 기간이 있었다. 그 가족들이 하란에서 지체한 기간은 이후에 이스라엘 백성이 광야에서 머무른 시기와 유사한 성격을 지녔다. 당시에는 더 오래된 세대에 속한 이들이 죽어 이 세상을 떠났으며, 그 가족 바깥에 있던 이들이 새로운 구성원으로 유입되었다. 그리고 새로운 세대에 속한 이들에게는 나아가 그 약속의 땅을 차지하라는 하나님의 중대한 명령이 주어졌다. 하나님이 이 명령을 내리신 것은 성경 전체에서 핵심적인 전환점이 되는 일들 중 하나였다. "너는 너의 고향과 친척과 아버지의 집을 떠나 내가 네게 보여줄 땅으로 가라. 내가 너로 큰 민족을 이루고 네게 복을 주어 네 이름을 창대하게 하리니 너는 복이 될지라. 너를 축복하는 자에게는 내가 복을 내리고 너를 저주하는 자에게는 내가 저주하리니 땅의 모든 족속이 너로 말미암아 복을 얻을 것이라"(창 12:1-3). 이후의 모세와 여호수아가 그랬듯이, 아브람 역시 자신의 진로를 스스로 결정하지 않았다. 오히려 그는 주님이 자신을 인도해 주실 것을 신뢰해야만 했다("내가 네게 보여줄 땅으로 가라"). 출애굽의 바로와 마찬가지로, 바벨 땅의 사람들은 성읍들을 건설하고 자신들의 이름을 높이기를 추구했다. 하지만 출애굽의 이스라엘 백성과 마찬가지로, 아브람은 하나님께서 친히 그에게 위대한 이름을 주실 것을 신뢰해야만 했다.

아브람은 자신의 가족과 함께, "하란에서 모은 모든 소유와 얻은 사람들"을 이끌고서 그 땅 전역을 돌아다녔다(창 12:5). 당시 그는 큰 무리를 거느리고 있었다. 그에게 훈련된 318명의 장정이 있었다는 것(14:14)에 비추어 볼 때, 그 공동체 전체 숫자는 대략 2,000명에 달했을 것이다. 그리고 이렇게 큰 무리의 이동은 다른 족속들의 관심을 끌었을 것이 분명하다. 그들은 가나안 땅 북쪽에서 들어와서 중앙부의 세겜을 지나 벧엘과 아이까지 내려갔으며, 마침내는 남쪽의 네게브에 이르렀다. 이때 그들은 이후에 여호수아가 행하게 될 일을 행했으니, 이는 곧 주님을 위해 그 땅을 점령하는 일이었다. 하지만 그것은 군사적인 정복이 아니었다. 당시 아브람은 무기를 들지 않았으며, 어떤 싸움도 치르지 않았기 때문이다. 그 대신에 그는 산 위에 제단을 쌓고서 참된 예배를 확립했다. 그러고는 주님의 이름을 불렀던(또는 선포했던) 것이다(12:8). 이때 그는 가나안 족속들도 그 예배에 동참하도록 초청했을 것이다. 어떤 의미에서 그것은 영적인 정복이었다. 곧 그 일은 이후에 예수님이 그 땅을 다니시면서 동일하신 하나님에 관해 선포하심으로써 가져오게 될 일과 유사한 성격을 띠었던 것이다.

아브람의 첫 번째 출애굽이 끝났을 때, 곧바로 그의 두 번째 출애굽이 시작되었다(창 12:10-20). 장차 그들의 후손들이 그리할 것과 마찬가지로, 아브람과 사래는 기근을 피하려고 가나안 땅을 떠나서 이집트로 향했다. 그곳 이집트에서 아브람은 생명의 위협을 받았으며, 사래는 억지로 다른 이의 신부가 될 위기에 처했다. 이때 이 둘은 오직 속임수를 통해 그 위기에서 건짐을 받았다. 아름다운 여인 사래는 바로의 집으로 끌려갔다. 바로가 그 신부를 놓아주려 하지 않았으므로, 하나님은 바로와 그의 집안에 큰 재앙을 내리셨다. 이에 바로는 이런 일이 벌어진 것을 두고 아브람을 탓했지만, 실제로 잘못을 범한 이는 그 자신이었다.[1] 마침내 바로는 그 둘을 놓아주면서 이렇게 말했다. "그녀를 데리고 이곳을 떠나라"(12:19). 아브람과 사래가 그 땅을 떠날 때, 그들은 바로의 종들을 함께 데리고 갔다. 그리고 이집트에서 얻은 모든 재산도 가지고 떠났다. 아브람과 사래가 가나안 땅에 돌아왔을 때, 그들은 그 땅을 떠났을 때보다 훨씬 큰 부자가 되어 있었다. (창세기 20장에서 아브라함과 사라가 그랄 땅에 머물렀을 때, 이 중 몇 가지 주제들이 다시 반복되었다. 신부에 대한 공격이나 속임수를 통한 위기 회피, 그곳의 왕에게 신적인 재앙이 내린 일과 이 부부가 재물을 얻게 된 일 등이 그런 것들이다. 이로 비추어 볼 때, 개인적인 출애굽 사건들은 하나의 습관처럼 반복되는 듯하다.)

그것은 실로 흥미로운 모습이었다. 우리는 출애굽 이야기가 먼저는 아브람의 삶 속에서 생겨나고, 그다음에는 그의 집안사람들 가운데서 재현되는 것을 보게 된다. 그다음에는 그의 후손인 이스라엘 민족 전체 가운데서 이루어지며, 마침내는 예수님 안에서 성취된 더욱 큰 출애굽을 통해 그 이야기가 재현되었던 것이다. 이는 마치 점점 크기가 커지는 러시아 인형들이 나란히 늘어서 있는 모습을 보는 것과 같다. 그 인형들은 서로 닮았을 뿐 아니라, 각 인형들 속에 또 다른 인형들이 꼭 들어맞는 구조를 지니고 있다. 이는 그 이야기들이 지닌 내적인 연속성을 드러내 주는 것이었다. 그러므로 아브람은 자신의 삶 속에서 이스라엘 백성 전체의 이야기를 압축적으로 보여줄 수 있었는데, 특히 그가 겪은 출애굽의 여정들이 그러했다. 그리고 이후에 예수님 역시 그런 모습을 보여주셨다. 이같이 예수님이 성경 전체의 이야기를 그분의 모습 속에서 압축적으로 드러내신 일은 우리에게 주어진 복음의 심장부에 자리 잡고 있다. 그러므로 그분이 우리의 대표자로서 이루신 일들이 (은혜롭고 영광스러운 방식으로) 우리에게도 실제로 이루어진 것이다.

아브람의 이야기 가운데서 이스라엘 백성의 출애굽이 가장 뚜렷이 언급되는 곳은 창세기 15장이다. 이 본문에서 하나님은 그를 상대로 언약을 맺으신다. 아브람에게 하늘의 별과 같이 많은 자손을 약속하시고 그의 믿음을 의로 여기신 뒤, 장차 그의 후손들에게 임할 출애굽에 관해 말씀하셨다. 이때 하나님은 자신이 "너를 갈대아인의 우르에서 이끌어 낸 여호와"이심을 밝히신다(7절). 이는 그분이 이후에 스스로를 "너를 애굽 땅……에서 인도하여 낸 네 하나님 여호와"로 드러내실 것과 동일하다(출 20:2). 그런 다음에 하나님은 출애굽 이야기의 모든 핵심적인 세부사항들을 아브람에게 알려 주셨다. 곧 그의 후손들이 장차 낯선 땅에서 노예가 되어 괴롭힘을 당하고, 그들의 종살이는 400년간 지속되며, 그들을 억압하던 자들은 심판을 받게 되고, 그 후손들은 많은 소유물을 지니고서 그 약속의 땅에 돌아오게 되리라는 것이 그 내용이었다. 이 언약에 수반된 예식 가운데는 동물의 사체들을 반으로 쪼개는 일이 포함되었으며, 이는 모세 당시에 치러진 유월절 예식과 흥미로운 유사성을 보인다. 이 창세기 본문에서는 당시의 캄캄함과 제물로 드려진 동물들, 그리고 연기 나는 화로와 쪼갠 고기들 사이로 '지나가는' 하나님의 임재를 상징하는 횃불이 매우 강조되고 있다. 이는 마치 하나님께서 그저 말뿐만 아니라 가시적인 상징들을 통해 다음의 내용들을 그에게 말씀해 주시는 것과 같았다. '너의 후손들은 그 수가 아주 많아지겠지만, 그들은 심한 억압을 겪게 될 것이며 길고 고통스러운 시간이 될 것이다. 하지만 너는 나를 신뢰해야만 한다. 이는 내가 그들을 그런 고난 가운데서 이끌어 내는 하나님이기 때문이다.'

우리는 아브라함의 후손이기에 여전히 그분을 신뢰해야만 한다. 아브라함의 하나님이신 그분은 여전히 그와 같이 행하시는 분이시다.

≪ 복습을 위한 질문 ≪

1. 고대인들이 바벨을 건축한 것은 이후 이스라엘 백성이 이집트에서 겪게 될 상황을 어떤 면에서 미리 보여주는가?

2. 창세기 12:10-20의 사건들과 이후에 있을 이스라엘 백성의 출애굽의 유사점을 몇 가지 나열해 보라.

3. 창세기 15장에서 아브람이 보게 된 환상의 의미는 무엇인가?

≫ 생각을 위한 질문 ≫

1. 과거의 이스라엘 백성은 아브람의 이야기를 읽음으로써 하나님이 역사 속에서 행하시는 일들 가운데서 어떤 교훈을 배울 수 있었을까?

2. 창세기 13-14장의 내러티브는 이후 여호수아의 지도력 아래 이루어진 가나안 정복에 관해 우리에게 무엇을 일깨워 주는가?

3. 이 장(8장)의 맥락 가운데서 살필 때, 창세기 14:18-20에 등장하는 멜기세덱이라는 인물의 의미는 무엇일까?

우리와 똑같이

[창세기 16-26장]

아브라함은 하나님 백성의 근원이 되는 인물이었다. 성경의 내용
이 전개됨에 따라 우리는 그의 삶이 다양한 방식으로 후손 전체
를 대표하는 것을 발견하게 된다. 이는 그가 모든 민족에게 복이
되는 존재로 부르심을 받은 점에서나 그의 신앙, 그가 하나님 앞
에서 의롭다고 인정을 받았던 점, 언약과 약속들, 그리고 그가 드
러낸 순종의 측면에서 그러했다. 우리는 창세기 전체에 걸쳐 그가
남긴 삶의 흔적들이 메아리치는 것을 듣게 된다. 따라서 그의 출
애굽 여정들이 그의 직계 가족들, 곧 하갈과 이스마엘, 이삭과 리
브가, 그리고 롯과 같은 이들의 삶 속에서 되풀이되는 모습을 보
게 되는 것은 놀랄 일이 아니다.

하갈은 성경에서 혼자만의 출애굽을 겪게 된 최초의 여성이

었다. 그녀는 실제로 출애굽을 두 번 경험했다. 창세기 16장을 보면, 무고한 여종 하갈이 여주인 사래에게 괴롭힘을 당해 술 광야로 도망치게 된다. 그리고 이곳의 사막에서 그녀는 샘물을 발견하며, 천사와 대면한다. 하갈은 자손이 번성하며 복을 얻게 되리라는 약속을 받고, 하나님의 계시로써 그분의 이름을 알게 되었다. 이곳에서 하갈은 하나님을 보았으며, 그분의 복을 입고 가나안 땅으로 돌아오게 되었다. 이때의 멜로디는 창세기 21장에서도 반복되지만, 여기서는 중요한 변주가 이루어진다. 모세의 경우와 마찬가지로, 하갈이 처음에 광야로 피신했을 때 그녀는 혼자였다. 하지만 두 번째 도피 때에는 자신의 가족인 아들 이스마엘을 데리고 갔다. 하갈은 다시 그 광야에서 부르짖었으며, 하나님은 그녀의 아들이 내는 소리를 들으셨다(이는 이후에 그분이 이스라엘 백성의 부르짖음을 듣게 되실 것과 마찬가지였다). 그런 다음에는 그 아이에게 필요한 것들을 공급해 주셨다(이것 역시 그분이 이후에 이스라엘 백성을 위해 행하실 일이었다). 그리고 그 아들은 바란 광야에서 살아가게 되었다(이후의 이스라엘 백성 역시 광야에서 거주했다). 곧 하갈의 이야기는 이후에 있을 이스라엘 백성의 출애굽 이야기를 미리 보여주는 하나의 축소판과 같았다.

아브라함의 첫 두 아들인 이스마엘과 이삭 역시 출애굽의 여정들을 경험했으며, 이 여정은 긴밀히 조화를 이루었다. 이스마엘의 여정은 아브라함이 아침에 일찍이 일어났을 때 시작되었다. 그 소년은 자신의 어머니와 함께 광야로 나갔고 거의 죽게 될 지경에 처했지만, 주님의 사자가 그를 구해 주었다. 이 구출은 곧 그의 어머니가 눈을 들어 샘물 하나를 발견했을 때 이루어졌으며, 이스마엘은 하나님의 약속과 임재를 누리게 되었다(창 21:9-21). 이삭의 여정 역시 아브라함이 아침에 일찍이 일어남으로써 시작되었다. 그 소년은 자기 아버지와 함께 광야로 나갔고 이삭은 거의 죽게 될 지경에 처했지만, 주님의 사자가 그를 구해 주었다. 이 구출 또한 그의 아버지가 눈을 들어 양 한 마리를 보았을 때 이루어졌으며, 이삭 역시 하나님의 약속과 임재를 누리게 되었다(22:1-19). 이후에 있을 이스라엘 백성의 출애굽 사건과 마찬가지로, 이 두 이야기에서 우리는 광야를 향한 여정을 보게 된다. 하나님의 사자가 그 처음 난 아들들을 죽음의 위기에서 건져 주었으며, 그들에게 필요한 것들을 기적적으로 공급해 주었던 것이다. 그리고 그들은 하나님의 약속을 받게 되었다. (이삭의 경우에는 이 일들이 하나의 산 위에서 이루어졌다.) 물론 성경에서는 이스마엘과 이삭 사이의 대조적인 차이점을 많이 언급하지만, 여기서 보았듯이 그들 사이에는 출애굽의 측면에서 몇 가지 유사점이 존재한다.

이제 우리는 이삭과 리브가의 경우를 살피게 된다. 창세기 26장에서 그들이 그랄 땅을 벗어나는 출애굽 여정은 창세기 20장에 기록된 아브라함과 사라의 여정과 매우 닮은 모습이다. 이 본문에서 이삭과 리브가는 기근 때문에 자신들이 살던 땅을 떠나 낯선 나라로 향하며, 그곳에서 이들 부부는 그 나라의 왕을 속임으로써 자신들을 보호하려 한다(자신의 아내를 누이로 속이는 방법이 다시 동원된다). 그리고 그 부부는 하나님이 주신 복을 통해 매우 부유해지게 된다. 그들의 번영이 그곳 거주민들에게 위협이 되자 왕은 이삭과 리브가를 불러 그곳을 떠날 것을 종용했다. "네가 우리보다 크게 강성한즉 우리를 떠나라"(26:16). 한편 블레셋 족속들은 아브라함이 팠던 우물들을 모두 막아 버렸는데, 이는 아비멜렉이 사라를 자신의 궁궐로 데려갔을 때 그 족속들의 태가 모두 닫혔던 일을 생각나게 한다(20:18). 이에 그 땅을 떠난 이삭과 리브가는 이곳저곳을 돌아다니면서 마른 땅에서 샘물을 찾아내려고 애를 썼다. 그들은 때로 자신들을 대적하는 자들과 다투기도 했지만, 마침내 자신들이 정착할 장소를 발견하게 되었다. 이후에 있을 여호수아 이야기에 비추어 볼 때, 이삭이 그곳의 이름을 '르호봇'('장소가 넓음')으로 불렀던 것은 인상적인 일이다. 이때 이삭은 다음과 같이 고백했다. "이제는 여호와께서 우리를 위하여 넓게 하셨으니 이 땅에서 우리가 번성하리로다"(26:22).

그런데 창세기에 기록된 출애굽의 여정들 가운데서도 가장 극적인 것은 롯과 그의 가족들이 소돔에서 간신히 빠져나온 이야기이다. 소돔 땅과 이집트 사이의 연관성은 창세기 13:10에서 처음으로 제시되는데, 이 구절에서는 이 두 지역 모두 "온 땅에 물이 넉넉"하며 "여호와의 동산" 같은 곳으로 언급되고 있다. 그리고 롯은 바로 이 자연적인 비옥함 때문에 소돔 땅에 거주하기로 선택했던 것이다. 이후 창세기 18장에서 주님이 아브라함의 문 앞에 나타나셨을 때, 우리는 롯이 곧 겪게 될 소돔에서의 출애굽과 장차 이스라엘 백성이 겪게 될 출애굽 사이에 무수한 연관성이 드러나는 것을 발견하게 된다. 이 본문에서 하나님은 아브라함과 사라에게 아들을 주실 것을 약속하시며, 그들에게 자녀가 없었던 기간이 끝났음을 선포하신다. 그런 다음에 그분은 즉시 그 사악한 도시를 심판하기 위해 떠나셨으며, 이때 두 증인을 대동하셨다(이는 이스라엘 백성이 출애굽할 때 모세와 아론이 맡았던 역할과 같다). 이때의 일은 할례 예식이 제정되거나 확립된 직후였다. 그리고 그 천사들은 아브라함의 집을 그대로 지나치려 했으며(18:3-5), 이는 그들이 이후 이집트에서 행하게 될 일과 마찬가지였다. 또 롯의 집에서 그들은 저녁 식사로 무교병을 먹었다(19:3). 롯의 집 문 밖에는 생명의 위협이 존재했으며, 이에 그 천사들은 롯을 집으로 끌어들인 뒤에 문을 닫았다. 이는 장차 임할 심판으로부터 그를 보호하기 위함이었다(19:4-11). 당시 하나님은 롯에게 자신의 모든 가족과 소유물들을 데리고서 그 도시를 떠날 것을 종용하셨는데, 이는 그 도시에 대한 사람들의 "부르짖음"을 주님이 들으셨기 때문이었다(19:12-14). 천사들은 롯과 그 가족들을 집 바깥으로 이끌어 내고, 그 도시와 함께 '멸망하는' 일을 피하도록 산으로 도망칠 것을 강권했다(19:15-17). 해가 떠오르자 소돔과 고모라 땅에 하늘로부터 무서운 파멸이 임했다(19:23-25). 그러나 롯의 가족은 하나님의 보호하심 덕분에 살아서 그 도시를 빠져나왔고, 그곳에는 증거의 기둥이 세워지게 되었다(19:26).

그런데 이와 동시에 롯의 출애굽은 여러 면에서 이스라엘 백성의 출애굽과는 상반되는 성격을 띤다. 곧 그의 출애굽 사건은 그 본문을 앞뒤로 둘러싼 아브라함의 출애굽 사건들과는 대조적인 모습을 드러내 보인다. 먼저 롯은 이집트 같은 곳에서 벗어나기보다, 오히려 그곳으로 돌아가기를 원했다. 하지만 그 결과로, 그는 재물을 얻기는커녕 자신의 소유물을 잃어버리게 되었다. 또 롯의 집 문간은 이스라엘 백성의 유월절이나 아브라함의 이야기들에서 그것이 수행했던 기능과는 달리, 구출과 약속의 장소가 아닌 위협과 죽음의 장소가 되었다. 그리고 롯의 사위들과 사라 모두 하나님의 약속을 하나의 농담으로 여겼지만, 아브라함 가족의 웃음은 새로운 생명의 탄생으로 이어진 반면에(그 아이에게는 '이삭', 곧 '웃음'이라는 이름이 주어졌다) 롯의 가족들 안에 있었던 그 사위들의 웃음은 그들의 파멸을 가져왔다. 또 아브라함의 아내는 하나님의 기적적인 섭리로써 자녀를 낳았지만, 롯의 아내는 그 기적적인 섭리로써 황량한 소금 기둥이 되고 말았다. 그리고 아브라함은 장막에 거주하면서 자신의 아내를 통해 많은 민족의 아버지가 되었지만, 롯은 무덤을 상징하는 동굴에 머물면서 근친상간을 범한 자신의 딸들을 통해 두 족속의 선조가 되었다(19:30-38).

그러면 우리는 아브라함의 가문에 존재하는 이 모든 출애굽의 여정들을 어떻게 이해해야 할까? 먼저, 이 여정들은 하나님께서 인간의 역사와 성경의 사건들, 그리고 그분의 백성들이 겪는 개인적인 삶의 정황들을 세밀하게 주관하고 계심을 일깨워 준다. 이 같은 그분의 섭리는 이 세상의 시초부터 존재해 왔다. 또 다른 면에서, 이 여정들은 아브라함과 그의 집안사람들 사이에 존재하는 연대 관계를 보여준다. 곧 아브라함이 어떤 일들을 겪게 될 경우, 그 일들은 그 집안사람들의 삶 속에서도 어떤 식으로든 일어나게 되는 것이다. 이후에 바울이 로마서와 갈라디아서에서 열정적으로 설명했듯이, 이런 연대 관계는 또한 복음의 중요한 구성 요소가 된다. 그런데 이와 다른 한편으로, 아브라함의 집안 이야기 가운데는 다른 어느 곳에서도 등장하지 않는 음악적 특성이 적어도 한 가지 존재한다. 그것은 바로 우리 모두가 그러했듯이, 롯 **또한 그 자신의 뜻을 거스르는 방식으로** 건짐을 받았다는 것이다. 이 점은 우리 그리스도인들의 삶에 엄청난 격려가 된다.

지금까지 살펴본 다른 출애굽의 이야기들 가운데는 하나님의 도우심을 바라는 부르짖음이나, 적어도 현재의 상황 속에 무언가 문제가 있다는 억압받는 자들의 인식이 담겨 있었다. 그러나 롯 이야기의 경우, 하나님이 계신 하늘에 닿은 부르짖음은 그분의 도우심을 구하는 소돔 내부의 간청이 아니었다. 오히려 그것은 그 도시 사람들의 불의함을 규탄하는 항변의 소리였다. 이 본문의 롯은 소돔 성에서 안락한 삶을 살고 있으며, 그 도시에 임박한 심판을 전혀 감지하지 못하고 있다. 특히 그는 그 속에서 건짐 받기를 기대하지 않고 있었다. 롯은 그 성의 장로였는데(19:1), 파멸이 닥쳐오는 상황에서도 지체하는 모습을 보인다(19:16). 그는 죽음을 자신의 눈앞에 두고 있었지만, 미처 그 사실을 깨닫지 못했다.

하지만 하나님은 그분의 은혜로써 롯을 그 가운데서 건져 내셨다. 롯 자신은 건짐 받는 일에 그다지 관심을 두지 않았지만, 그의 의로운 삼촌이 드린 제사장적인 기도가 그를 위기에서 구해 내었다. "세상을 심판하시는 이가 정의를 행하실 것이 아니니이까?"(18:25) 롯이 그 기도에 관해 아무것도 몰랐을지라도 이 일은 이루어졌다. 그 삼촌 아브라함의 간청에 따라, 하나님이 친히 롯의 상황에 개입하셨던 것이다. 천사들이 롯의 집을 찾아갔으며, 위험이 닥쳤을 때 그를 집 안으로 끌어들이고 문을 닫았다. 그러고는 가족들과 함께 그 성을 벗어날 것을 롯에게 강권했다. 이 모든 일에도 불구하고 롯이 지체했을 때 "그 사람들이 롯의 손과 그 아내의 손과 두 딸의 손을 잡아 인도하여 성 밖에" 두었는데, 이는 곧 "여호와께서 그에게 자비를 더하심"이었다(19:16). 당시 롯은 하나님의 손에 의해 맹렬한 파멸 가운데서 건져 냄을 받았다. 이는 그 자신이 행한 어떤 일로 인한 것이 아니라, 오직 그분의 깊은 자비 덕분이었다.

우리 역시 하나님의 자비를 입은 이들이다.

≪ 복습을 위한 질문 ≫

1. 이삭의 이야기와 이스마엘의 이야기는 어떤 점에서 서로 닮았는가?

2. 롯이 소돔에서 건짐 받은 일은 어떤 면에서 출애굽의 성격을 지니는가?
   그 이야기는 출애굽의 주제들을 어떤 식으로 역전시켜 제시하는가?

3. 롯과 그 아내는 아브라함과 사라 부부와 어떻게 대조되는가?

≫ 생각을 위한 질문 ≫

1. 하갈이 아브라함의 집에서 쫓겨난 일을 묘사하는 창세기 16장의 이야기
   가운데서 타락의 주제들을 몇 가지 찾아보라.

2. 창세기 12:10-20, 20:1-18, 그리고 26:1-11의 이야기들은 몇 가지 측면
   에서 매우 유사한 성격을 띤다. 그렇다면 이 이야기들 사이의 차이점은 무
   엇이며, 각 이야기들이 지닌 의미를 파악하는 데에 이런 차이점들이 중요
   한 이유는 무엇인가?

3. 신약에서는 몇 차례에 걸쳐 아브라함을 우리의 "아버지"로 언급하고 있
   다. 창세기에서 반복되는 출애굽의 주제들은 이 말의 의미를 이해하는 데
   어떤 도움을 주는가?

10

하나님과 씨름하기

〖 창세기 27-50장 〗

탈출과 추방 사이의 차이점을 분간하기는 어려울 수 있다. 특히 어떤 이가 그 여정의 한가운데 있다면 더욱 그러하다. 이삭의 아들 야곱이 자기 형 에서를 속여 에서가 누릴 장자의 권리와 복을 가로채고 그를 피해 달아날 때, 야곱에게는 그 여정이 마치 자신의 고향에서 추방되는 일처럼 느껴졌을 것이다. 그에게는 자신이 마침내 번성하며 복을 누리게 되리라는 하나님의 약속이 있었지만, 그럼에도 그는 낯선 땅에서 오랫동안 종살이를 하도록 되어 있었다. 사실 그 여정은 야곱이 겪은 출애굽 이야기의 도입부로, 그의 후손들로 이루어진 하나의 민족이 일어남으로써 이야기는 절정에 이른다. 하지만 당시 야곱은 그 점을 미처 알 수가 없었을 것이다.

야곱의 어머니 리브가는 강권하여 하란에 있는 자신의 오빠 라반의 집으로 야곱을 피신하게 했다. 이곳은 아브람이 우르에서 가나안 땅으로 가던 중에 머물렀던 그 성읍이었다. 이제 우리는 어떤 이야기가 지닌 출애굽의 설정을 익숙하게 알아볼 수 있다. 그런 이야기에서는 먼저 아브라함의 가문에 속한 누군가가 새로운 땅으로 가게 된다. 그곳에서 그는 처음에 환대를 받지만, 이후에는 지위가 조금씩 낮아진다(야곱은 친척이라기보다 한 사람의 종으로 취급되었다). 또 부당한 대우를 당하며(야곱은 라반에게 속아서 그의 두 딸 모두와 결혼하게 되었다), 뱀과 같은 성격을 지닌 인물(야곱의 경우에는 라반이 그러했다)에게 억압을 받는다. 그런 이야기 속에 등장하는 여인들 역시 뱀 같은 인물에게 괴롭힘을 당하는데, 이번 경우에는 아버지가 바로 그 인물이었다. 이 이야기에서 라헬은 아버지로 인해 자신의 남편과 배타적인 배우자 관계를 맺을 권리를 빼앗기고, 레아는 아버지의 뜻에 따라 억지로 결혼해서 사랑받지 못하는 아내가 되었다. 그러나 하나님은 억압당한 여인들의 부르짖음을 들으셨으며, 그녀들에게 자녀를 얻는 복을 베풀어 주셨다. 이로써 그 자녀들은 마침내 이스라엘에 속한 열두 지파의 우두머리들이 되었다. 이처럼 그들이 당한 억압에도 불구하고 야곱의 가족은 생육하고 번성하여 그 수가 늘어났으며, 이 이야기의 도입부는 기적의 아이인 요셉의 출생과 함께 끝이 난다. 요셉은 이후에 그들을 재난에서 건져 줄 인물이었다(창 29:1-30:24). 이 모든 주제는 이후에 출애굽기 1-2장에서 다시 드러나게 된다.

이후 모세의 출생이 그러했듯이, 이때 요셉이 태어난 것은 야곱이 겪은 오랜 종살이가 끝날 때가 이르렀음을 보여주는 하나의 징표였다. "라헬이 요셉을 낳았을 때에 야곱이 라반에게 이르되 나를 보내어 내 고향 나의 땅으로 가게 하시되"(창 30:25). 이때 야곱은 이후의 모세처럼 자신의 주인 앞에 나아갔으며, 자신의 온 가족을 데리고 그곳을 떠나도록 허락해 주기를 구했다. 그리고 이후의 바로와 마찬가지로, 라반은 그 요청을 거절했다. 이어진 협상 과정에서 라반은 다시금 자신이 사람을 이용하고 조종하는 데 능한 주인임을 보여주었으며, 야곱은 약간의 독립적인 삶을 허용받았다. 곧 그 둘 사이에 "사흘 길"(36절)의 간격이 생기게 되었으며, 이는 이후에 모세가 바로에게 요구하게 될 일의 내용과 동일했다._{출5:3,"우리가 광야로 사흘 길쯤 가서"—옮긴이.} 또 야곱은 이후의 이스라엘 백성과 마찬가지로, 자신이 주인으로 섬겼던 라반의 재산을 취하여 가져갔다. (이 이야기에서 중요한 점은 야곱이 자신의 품삯을 라반에게서 받았다기보다는 스스로 얻어 냈다는 데 있다.) 이 결과로, 야곱은 엄청난 부자가 되었다(25-43절). 그런 다음에 그는 자신의 고향으로 돌아가라는 하나님의 명령을 받았으며, 이에 자신의 모든 재산을 가지고서 라반의 집을 떠나 큰 강(이는 유프라테스 강이었다)을 건너갔다. 그러고는 한 산(이는 길르앗 산이었다)을 향해 사흘 길을 나아갔다(31:1-21). 이처럼 야곱의 이야기와 이후 이스라엘 백성의 출애굽 사이에는 분명한 유사성들이 존재한다.

이후의 바로와 마찬가지로, 라반은 자신이 속은 것을 알고서 분노하여 야곱을 추격하기 시작했다. 하지만 이때에는 이른바 최후의 결전을 통해 라반이 거대한 물속에 휩쓸려 간다든지, 적어도 이런저런 종기가 나서 시달린다든지 하는 일들은 벌어지지 않았다. 오히려 여기서 우리는 다소 익살극에 가까운 실망스러운 결말이 빚어지는 것을 보게 된다. 곧 라반은 도둑맞은 자기 집안의 신상들을 찾아다녔는데, 그의 딸 라헬은 그 신상들을 몰래 깔고 앉아 있었다. 라헬은 자신이 생리 중이라는 이유를 대면서 자리에서 일어서기를 거부했다(31:25-35). 그런데 이 일조차도 여인들이 폭군을 속인다는 출애굽의 주제를 보여주는 것이 된다. 그리고 더욱 중요한 것은, 거짓된 신들이 굴욕을 당하며 참되신 하나님과 대조된다는 주제들이 이 일 가운데서 드러나는 데 있다. 야곱의 선조들이 섬겼던 하나님은 벧엘에서 그에게 나타나셨으며, 야곱의 여정 내내 그와 동행하셨고, 그에게 큰 부를 가져다주셨다. 이에 반해 레아와 라헬의 아버지 라반이 섬겼던 신들은 생리 중인 한 여인의 손에 붙잡혀 그 아래에 깔리게 되는 처지에서조차 벗어나지 못했다.

이후 이야기의 방향이 기이하게 전개되면서, 라반과 야곱은 서로 언약을 맺게 된다. 라반이 야곱의 출애굽 이야기에서 맡은 주된 부분은 바로의 역할을 수행하는 것이었지만, 이때 그는 다소 묘한 방식으로 이드로의 역할 역시 감당한다. 이드로는 모세의 장인으로, 이스라엘 백성이 이집트를 빠져나온 후에 그들을 만나 우호적인 관계를 맺었던 인물이다. 이때 라반과 야곱은 자신들이 맺은 언약의 표징으로 돌무더기를 쌓았는데, 이는 이후 이스라엘 백성이 여리고 성을 취하기 전에 그리한 것과 마찬가지였다. 이제 야곱의 출애굽 여정은 거의 마무리되는 시점에 와 있었다.

하지만 그의 여정이 아직 다 끝나지는 않았다. 야곱은 밤중에 요단 강의 지류인 얍복 강을 건너야 했으며, 그곳에서 새벽녘까지 이름 모를 한 사람과 씨름을 벌여야 했다(창 32:22-32). 야곱이 이때에 두 번째로 강을 건넌 일은 이후에 있을 이스라엘 백성의 출애굽과 명백한 연관성을 지닌다. 유프라테스 강이 (이후의 홍해와 마찬가지로) 종살이에서 벗어나는 일을 상징했다면, 이 얍복 강은 (이후의 요단 강과 마찬가지로) 그가 기업으로 얻게 될 땅에 들어가는 일을 나타냈던 것이다. 그리고 야곱이 에서와 화해하며 가나안 땅에 무사히 도착하는 모습 속에서, 우리는 이 일이 실제로 이루어지는 것을 보게 된다(33:1-20). 하지만 그가 브니엘에서 낯선 사람을 상대로 씨름한 일은 좀 더 미묘한 성격을 띤다. 이때의 일은 마치 야곱이 일생 동안 이삭, 에서, 야곱 등의 사람들을 상대로 씨름해 왔지만, 실상은 그가 이들을 통해 하나님 자신과 씨름해 왔음을 발견하게 된 것과 같았다. 당시 야곱은 어둠 속에서 강을 건넜으므로, 그는 자신과 씨름하고 있던 그 사람이 실제로 에서(이는 그가 만나기를 두려워했던 인물이다), 또는 심지어 라반(이는 그가 그 곁을 피해서 도망쳐 온 인물이다)이었다고 생각했을 가능성이 충분히 있다. 아마도 이 점은 야곱이 그 사람의 이름을 알아내려고 애를 썼던 이유를 설명해 줄 것이다. 날이 밝아올 무렵, 야곱은 비로소 자신이 하나님을 상대로 씨름하고 있었음을 깨달았다. 그리고 그는 **이스라엘** 또는 '하나님과 겨루는' 자라는 새 이름을 얻게 되었다(32:28).

나는 C. S. 루이스가 『말과 소년』『나니아 연대기』 중의 한 작품—옮긴이 에서 샤스타가 아슬란과 대화하는 장면을 집필할 때 어쩌면 이 얍복 강의 이야기에서 영감을 얻은 것은 아닐까 생각한다. 『말과 소년』에서 어린 소년 샤스타는 자신의 여정 내내 여러 사자에게 괴롭힘을 당한다. 하지만 그 이야기가 절정을 향해 감에 따라, 소년은 그 모든 사자가 바로 아슬란이었음을 발견하게 된다. 이는 아슬란이 그에게 다음의 이야기를 들려주었기 때문이다.

> 너로 하여금 아라비스와 합류하게 만들었던 사자는 바로 나였다. 네가 죽은 자들의 집 가운데 있을 때 너를 위로해 준 그 고양이도 나였지. 나는 네가 잠든 동안에 네 곁을 어슬렁거리는 자칼들을 쫓아낸 그 사자였다. 나는 네가 제때에 룬 왕을 만날 수 있도록, 그 말들에게 겁을 주어서 마지막 1, 2킬로미터를 더욱 바짝 달리도록 만든 그 사자이기도 해. 너는 기억하지 못하겠지만, 나는 어린 아기인 네가 누워 있던 작은 배를 해안가로 밀어 보내 준 그 사자이기도 하단다. 그곳에서 한밤중에 깨어 있던 한 남자가 죽어 가던 너를 보고서는 구해 주었지.[1]

이제 '이스라엘'이라는 이름을 얻게 된 야곱은 깊은 경외감에 차 있었다. 그는 이렇게 외쳤다. "내가 하나님과 대면하여 보았으나 내 생명이 보전되었다"(창 32:30). 그리고 그의 이름을 물려받은 이스라엘 백성의 이야기 역시 이런 식으로 전개되도록 되어 있었다.

창세기가 끝나기 전에 우리는 또 하나의 출애굽 이야기를 접하게 된다. 이는 장차 모세의 지도력 아래 이루어지게 될 더 큰 출애굽의 배경이 된다. 바로 야곱이 편애했던 아들 요셉의 이야기이다(창 37-45장). 모세가 그랬듯이, 요셉 역시 출생 시에 자신의 형제들로부터 구별되었다. 요셉은 형제들에게 배척을 당했으며, 광야로 나아간 뒤 그곳에서 사나운 목자들을 만나게 된다. 그런 다음 요셉은 자신이 가져오게 될 것이라고 약속받은 그 구원을 마침내 이루기까지 오랜 세월을 기다려야만 했다. 또 모세와 마찬가지로, 요셉은 하나님께서 이집트에 가져오신 재앙(이 경우에 그것은 기근이었다)으로부터 온 백성을 구해 냈다. 그리고 이를 통해 다른 나라들 역시 그 복을 누리게 되었다. 모세와 마찬가지로, 요셉은 이집트의 왕자였다. 그가 행한 일들을 통해, 결국 그 나라의 신들이 이스라엘의 주님 앞에서 무력한 존재로 드러나고 굴욕을 당하게 되었던 것이다. 또한 모세와 마찬가지로, 요셉은 자신의 가족 또는 백성을 임박한 재난에서 건져 내어 풍요로운 땅으로 인도해 갔다. 하지만 그 전에 먼저 그들 자신이 일련의 시험을 겪어야만 했다. 그리고 모세와 마찬가지로, 요셉은 자신이 숨을 거둘 때에 장차 그 백성이 약속의 땅을 물려받게 될 것임을 가리켜 보였다.

그런데 모세의 경우와는 다르게, 이때의 출애굽은 이집트를 빠져나오는 것이 아니라 그 안으로 들어가는 여정이었고 요셉은 개인적으로 먼저 그 여정을 경험했다. (이때 요셉이 경험한 일은 이후에 예수님이 겪으신 여정과 매우 닮았다.) 곧 요셉은 노예로 팔리고 부당한 고발을 당했으며, 깊은 구덩이 속으로 던져졌다가 다시금 일으킴을 받았다. 그런 뒤에 요셉은 그 나라를 주관하는 자의 오른편에 앉게 되었다. 그리고 바로 그때, 하나님이 내리시는 영광스러운 복이 그가 행하는 일들을 통해 온 세상과 그의 형제들에게 임하게 되었다. 할렐루야.

1. 야곱이 라반의 집에 머무른 일은 이스라엘 백성이 이집트에서 세월을 보낸 일과 어떤 점에서 닮았는가?

2. 야곱이 천사와 씨름한 일은 그의 인생 이야기가 지닌 전반적인 성격을 어떻게 조명해 주는가?

3. 요셉은 어떤 점에서 모세와 유사한가?

≫ 생각을 위한 질문 ≫

1. 창세기 25:20-34의 이야기는 어떤 식으로 타락의 이야기를 상기시켜 주는가?

2. 우리는 이미 출애굽의 성격을 지닌 이야기들의 맥락에서 속임수에 관한 몇 가지 중요한 이야기들을 접했다. 그 이야기들을 열거해 보라. 그리고 이와 유사한 이야기들을 성경에서 찾아보라.

3. 야곱이 천사와 씨름한 일이 어떤 면에서 그리스도의 죽으심을 예표하는 것이 되는지 생각해 보라.

3악장

Third Movement

출애굽의 되울림

11

보호의 날개

〖 룻기 〗

우리는 룻기가 실로 감동적인 사랑 이야기이며 아무것도 가진 것 없던 이들이 부요한 상태로 나아가게 된 과정을 매력적으로 서술 하고 있다 보니, 룻기에는 그 이상의 다른 내용이 없을 것이라고 생각하기 쉽다. 이 이야기에서 나오미는 남편과 아들과 기쁨을 상 실했다가, 그녀 곁에 계속 남아 있던 며느리가 재혼을 하면서 손 자를 얻게 된다. 선량한 남자 보아스는 자신이 사랑하는 여인을 놓칠 위기에 처했음에도 불구하고 올바른 일을 행하여, 마침내 그 녀를 얻게 된다. 룻은 남편과 사별한 뒤 상실감에 빠지지만, 그 후 에 친절한 남자를 만나 속량을 받고 그와 결혼하게 된다. 그리고 이 세 사람은 그 뒤로 모두 행복하게 살았다.

하지만 룻기에는 실제로 더욱 깊은 의미가 담겨 있다. 역사적인 관점에서 살필 때, 룻기는 이스라엘의 이야기에서 중대한 전환점을 이룬다. 곧 그 이야기는 이스라엘 백성이 처한 정황이 사사들의 시대에서 왕들의 시대로 넘어가던 시기를 묘사한다. (룻기의 저자는 "사사들이 치리하던 때에"라는 어구로써 자신의 이야기를 시작하고, "다윗"이라는 단어로 그 이야기를 마침으로써 이 점을 강조하고 있다.[1]) 그리고 기독교적인 관점에서 살필 때, 구약에서 처음으로 다윗 왕을 뚜렷이 언급하는 두 개의 어구가 이 룻기 안에 담겨 있다. 또한 이방 여인인 룻이 유다 지파에 속한 한 남자의 친절과 그가 베푼 속량을 통해 이스라엘 백성 안에 편입된 일은 여러 세기에 걸쳐 교회에 속한 이들에게 격려가 되어 왔다. 그리고 음악적인 관점에서 살필 때, 룻기에는 또 하나의 출애굽 이야기가 담겨 있다. 하지만 룻기에 담긴 출애굽 이야기는 여러 측면에서 거꾸로 된 성격을 지닌 것이기도 했다.

룻기의 나오미는 이스라엘 백성을 나타낸다. 당시 가나안 땅에는 기근이 들었으며, 이에 그녀는 남편과 함께 낯선 나라로 이주했고, 처음에는 그 나라에서 음식을 구할 수 있었다. 하지만 풍요의 땅이었던 그곳은 곧 나오미에게 죽음의 땅이 되고 말았다. 먼저는 그녀의 남편 엘리멜렉이, 그 뒤에는 아들 말론과 기룐이 모압 땅에서 숨을 거두었던 것이다. 모압 땅에 머무는 동안 나오미는 자신의 고향인 가나안에 풍요가 찾아왔다는 소식을 듣고 그곳을 떠나 모국으로 돌아갔는데, 이때 자신의 두 (이방 여인인) 며느리를 함께 데리고 갔다. 이 여정 동안에 큰며느리는 나오미 곁을 떠나갔지만, 작은며느리는 그녀와 함께 계속 그 땅을 향해 나아갔다. 그리고 마침내 나오미와 며느리 룻은 '떡의 집'을 의미하는 베들레헴에 도착하게 되었다. 이런 나오미의 이야기는 분명히 출애굽의 성격을 띠고 있다.

하지만 그것은 엇나간 방식의 출애굽 이야기로서, 쓰라린 성격을 지닌 것이었다. 앞서 이스라엘 백성이 기근을 피해 이집트로 내려갔을 때, 그들은 그곳에서 번성하여 수가 많아지게 되었다. 그리고 그들이 젖과 꿀이 흐르는 약속의 땅으로 다시 나아가게 되었을 때, 그들에게는 초자연적인 방식으로 먹고 마실 것들이 주어졌다. 또한 이전에 아브라함과 이삭, 야곱이 낯선 땅으로 떠났을 때에도 그들은 그곳에서 부유하게 되었으며, 이에 따라 번영과 풍요를 누리는 상태로 자신들의 고향에 돌아오게 되었다. 이처럼 출애굽의 이야기들 속에는 대개 그들이 빈손으로 고향을 떠났다가 풍성한 결실과 함께 그 땅으로 돌아오는 일들이 포함되곤 했다.

하지만 나오미의 출애굽은 이와 같지 않았다. 오히려 그녀는 다음과 같이 탄식했다. "내가 풍족하게 나갔더니 여호와께서 내게 비어 돌아오게 하셨느니라"(룻 1:21). 나오미는 남편과 아들들을 잃었다. 더는 자녀를 낳을 수 없었다. 머물 땅과 음식이 필요했다. 나오미는 깊은 절망에 빠진 나머지, 자신의 이름을 다음과 같이 바꾸었다. "나를 나오미라 부르지 말고 나를 마라라 부르라. 이는 전능자가 나를 심히 괴롭게 하셨음이니라"(20절). 우리는 여기서 이제껏 들은 출애굽 이야기 가운데서 더욱 어두운 음조를 듣게 된다. 곧 이 이야기에서는 구속의 멜로디가 울려졌다.

여러 가지 측면에서, 나오미가 겪은 이 혼란은 사사 시대에 이스라엘 민족이 겪고 있던 상태를 반영한다. 당시 그 백성들은 이렇게 생각했을 것이다. '우리는 출애굽을 마쳤고, 이제 약속의 땅에 와 있어. 하지만 우리는 이전에 기대했던 풍요로운 삶을 살고 있지 않아. 우리는 배우자들을 잃었고, 날마다 죽음을 직면하고 있어. 대적들이 우리의 음식과 자녀들, 우리의 땅과 우리의 존엄성을 빼앗아가고 있지(예를 들어 포도주 틀에서 몰래 밀을 타작해야 했던 기드온의 경우를 생각해 보라). 주님은 우리를 혹독하게 대하셨어. 출애굽의 하나님이셨던 그분은 오랜 침묵 속으로 들어가셨지. 과연 그분의 능하신 손과 넓게 펼치신 팔은 지금 어디에 있지? 오, 주님. 이 괴로움이 언제까지 지속되어야 합니까?'

그러나 마침내 구속이 임했을 때, 그 일은 출애굽 사건과의 모든 연관성을 드러내는 방식으로 이루어졌다. 나오미가 속량을 받았을 때 그녀는 (이방 민족에 속한) 룻을 자신의 집안사람으로 맞아들인 상태였으며, 이는 출애굽 당시에 이스라엘 백성이 그러했던 것과 같았다. 또 구속자인 보아스는 가난한 이들과 나그네들이 밭에서 이삭을 자유롭게 줍도록 허용할 것을 강조했으며 룻을 자신의 식탁에서 먹고 마시도록 초대했는데, 이것 역시 출애굽 당시에 주님이 행하신 일과 마찬가지였다. 또 룻은 그녀를 구속한 보아스의 관대함 덕분으로 자신의 힘으로 얻을 수 있었던 것보다 훨씬 더 많은 곡식을 거두었는데, 출애굽 당시의 이스라엘 백성 역시 이 같은 일을 경험했다. 그리고 보아스는 룻과 결혼하기 위해 그녀를 구속했는데 개역개정판에는 "기업을 무르다"로 번역되어 있다—옮긴이, 이것 역시 출애굽 당시에 하나님이 이스라엘 백성을 위해 행하신 일과 마찬가지였다.

룻기에서 이스라엘 백성의 출애굽 사건을 좀 더 미묘하게 암시하는 어법 중 하나는 '날개'wings 라는 단어의 쓰임새 가운데서 나타난다. 이전에 막 이집트를 빠져나온 이스라엘 백성이 시내 산에 이르렀을 때, 하나님은 그들이 그곳에서 건짐 받은 일을 이렇게 표현하셨다. "내가 애굽 사람에게 어떻게 행하였음과 내가 어떻게 독수리 날개로 너희를 업어 내게로 인도하였음을 너희가 보았느니라"(출 19:4). 이 점을 상징하기라도 하듯이, 당시 언약궤를 보호하는 그룹들의 형상은 날개를 넓게 뻗은 형태로 만들어져 있었다. 그리고 모세의 노래에서는 이렇게 이스라엘 백성을 인도해 가시는 하나님의 행하심을 마치 "그의 날개를 펴서 새끼를 받으며 그의 날개 위에 그것을 업는" 독수리의 모습처럼 묘사했던 것이다(신 32:11).

여호수아서와 사사기에는 이 같은 하나님의 '날개'에 대한 묘사가 나타나지 않다가 룻기에 와서야 다시 등장한다. 룻기 2장에서 보아스는 하나님 안에서 보호를 얻기를 구했던 룻의 태도에 관해 다음과 같이 언급한다. "이스라엘의 하나님 여호와께서 그의 날개 아래에 보호를 받으러 온 네게 온전한 상 주시기를 원하노라"(룻 2:12). 곧 사나운 폭풍우가 지나가기까지 피난처를 제공하시는 하나님의 날개 그늘이 룻과 함께하셨으며, 그분은 이를 통해 복을 베풀고 위기 가운데서 건져 내셨다. 이는 이전에 이스라엘 백성이 이집트를 떠날 때에 하나님이 그들을 위해 행하셨던 일과 마찬가지였다. 룻은 이 점을 이해하고 있었으며, 그녀가 보아스에게 자신을 구속해 주기를 구하는 유명한 장면에서 그녀는 이렇게 간청한다. "당신의 날개를 펴 당신의 여종을 덮으소서. 이는 당신이 기업을 무를 자가 됨이니이다"(3:9)개역개정판에는 "당신의 옷자락을 펴"로 번역되어 있다—옮긴이. 그리고 이전의 이스라엘 백성 역시 바로의 손을 빠져나올 때에 이와 동일한 고백을 할 수 있었을 것이다. 이처럼 여기서는 출애굽의 하나님이 다시 언급되고 있다.

룻기의 결말 부분에서 룻과 나오미의 속량이 성취됨에 따라, 우리는 룻기의 음악적 주제들이 주님께서 이스라엘 백성을 이집트에서 속량하신 일과 유사할 뿐 아니라 그리스도께서 자신의 백성을 죄로부터 구속하신 일과도 닮아 있다는 점을 마침내 알게 된다. 룻이 처음에 보아스를 만났을 때 그러했던 것처럼, 우리 역시 예수님을 처음 만났을 때 이방인이었다. 곧 우리는 집이 없고 소외된 사람, 굶주리고 공허한 사람이었던 것이다. 우리가 그분께로 나아온 이유는, 그분이 존귀한 이로서 먹을 것을 찾는 자들에게 복을 주시며 궁핍한 자들을 거름더미 가운데서 일으키신다는 소식을 들었기 때문이다(삼상 2:8). 보아스가 룻에게 권고했던 것과 마찬가지로, 이제 주님은 우리에게 이같이 말씀하신다. "다른 데로 가지 말고 내 곁에 붙어 있어라. 내가 분명히 너를 돌보아 줄 것이다."

이때에 우리는 룻이 그랬던 것처럼 깜짝 놀라면서 이렇게 묻게 된다. "나는 이방 여인이거늘 당신이 어찌하여 내게 은혜를 베푸시며 나를 돌보시나이까?"(룻 2:10) 그때에 그리스도는 우리를 향해 이같이 말씀해 주신다. "여호와께서 네가 행한 일에 보답하시기를 원하며 이스라엘의 하나님 여호와께서 그의 날개 아래에 보호를 받으러 온 네게 온전한 상 주시기를 원하노라"(2:12). 주님은 우리를 그분의 식탁으로 초대하신다. '이리로 와서 떡을 먹으며 떡 조각을 포도주에 찍어라.' 이에 우리는 그 말씀을 받들어 그분의 발아래에 누우며, 주님께서 그분의 날개를 펴서 우리를 덮어 주시기를 청하게 되는 것이다. 이때 주님은 기쁨으로 우리를 구원하시며, 우리를 속량하실 뿐 아니라 우리와 더불어 '혼인 관계'를 맺으신다. 그리고 주변 사람들이 우리 삶 속에서 드러나는 복음의 결과들을 보게 될 때, 그들은 룻기의 본문에서 이웃 여인들이 나오미에게 했던 말을 고백하게 될 것이다. "찬송할지로다. 여호와께서 오늘 네게 기업 무를 자가 없게 하지 아니하셨도다!"(4:14)

이같이 출애굽을 행하신 하나님 덕분에, 나오미와 룻, 보아스는 모두 그 후로 늘 행복한 삶을 누리게 되었다. 이전에 나오미는 남편과 아들들을 잃고 살던 곳을 떠나며 희망을 되찾기를 기다리는 고된 삶을 겪었지만, 이 이야기의 끝부분에서는 더 이상 아무것도 없는 상태가 아닌 풍성한 삶에 이르게 되었다. "나오미에게 아들이 태어났다"(룻 4:17). 이같이 복된 결말에 이른 것은 국외자이자 이방인으로서 자신의 남편을 잃은 상태에 있었던 그녀의 며느리 룻 역시 마찬가지였다. 그리고 존귀한 자로서 다윗의 증조부가 된 보아스 역시 이 같은 결말에 이르게 되었다.

하나님은 오늘날 우리에게도 이런 결말을 내려 주신다.

≪ 복습을 위한 질문 ≫

1. 룻기의 내용은 어떤 면에서 이스라엘의 이야기에서 하나의 전환점 역할을 하는가?

2. 나오미가 겪은 일들이 엇나간 방식의 출애굽 이야기로 묘사될 수 있는 이유는 무엇인가?

3. 나오미가 놀라운 방식으로 속량을 받은 일은 어떤 면에서 출애굽의 성격을 띠는가?

≫ 생각을 위한 질문 ≫

1. 어떤 면에서 룻은 교회에 비유될 수 있는가?

2. 룻기 3장의 사건들이 타작마당에서 일어났다는 사실은 우리에게 어떤 의미를 주는가?

3. 룻이 모압 출신의 여인이었음을 기억하는 일은 룻기의 주요 장면들에 대한 우리의 이해를 풍성하게 만드는 데 어떤 도움을 주는가?

12

하나님의 붙잡히심

[사무엘상 1-7장]

성경은 출애굽 이야기가 시작되려 할 때 많은 실마리들을 준다. 예를 들면, 악한 통치자나 기근, 낯선 땅을 향한 여정 등이 그렇다. 여인들이 힘 있는 남자들을 지혜로 압도하는 일이나 신들 사이의 전쟁, 무고한 이들이 억압당하는 일 역시 그런 예들이다. 자녀가 없는 여인이 아이 갖기를 구하면서 부르짖는 모습은 하나님이 행하시는 구속의 역사가 오고 있음을 보여주는 강력한 단서가 된다. 그런데 그 여인이 아이를 갖게 되고, 하나님이 강한 자를 끌어내리며 겸손한 자들을 들어 올리시는 일들을 찬미한다면, 이는 그 역사가 진행 중임을 나타내는 더욱 결정적인 증거가 되는 것이다. 우리는 사무엘상의 세계에서 바로 그런 모습을 보게 된다.

　신실한 여인들의 기도와 그들이 보여주는 용기, 특히 자녀가 없는 여인들의 기도와 용기는 종종 하나님께서 그분의 백성들을 믿음이 없는 자들의 폭정과 학대에서 건져 내시는 방편이 된다. 사라와 리브가, 라헬과 이스라엘의 산파들, 룻과 한나, 아비가일과 에스더, 엘리사벳과 마리아 등이 그런 여인들이다. 하나님은 약한 자들을 도구로 써서 강한 자들을 무너뜨리기를 기뻐하신다. 사무엘상의 시작 부분에서, 자신들의 특권을 오용하면서 무고한 이들을 억압하는 자들은 바로 제사장 엘리의 아들인 홉니와 비느하스였다. 그리고 한나는 아이를 갖지 못한 한 남자의 아내로서, 간절히 기도하면서 부르짖고 있었다. 하나님은 그녀의 기도를 들으셨다. 이집트에서 고통받던 이스라엘 백성이 부르짖었던 때처럼, 한나의 간구는 주님께로 올려졌다. 그리고 그분은 그녀를 "기억하셨다"(1:19)_{개역개정판에는 "생각하신지라"로 번역되어 있다―옮긴이}. 마침내 한나가 사무엘(이는 '하나님이 들으신다'를 뜻한다)을 낳게 되었을 때, 한나는 자신의 노래로써 하나님이 이 세상을 전복시키시는 방식을 찬미했다(2:1-10). 곧 하나님은 힘 있는 자들을 꺾으시고 연약한 자들을 강하게 하시며, 빈궁한 이들을 풍성하게 만드시는 분이었다. 이로부터 1,000년의 세월이 흐른 후에, 한 젊은 여인이 아이를 갖고서 그녀의 노래와 거의 동일한 내용의 기도를 드리게 된다. 그리고 이 젊은 여인의 기도는 더욱 중요한 의미를 지니게 되었다(눅 1:46-55).

하지만 이때의 구출은 우리가 기대할 법한 방식으로 이루어지지 않았다. 앞에서 살펴본 모든 출애굽의 이야기들을 접한 뒤에 이 사무엘상의 이야기를 읽는 일은, 마치 음악 감상 시에 하나의 고정된 멜로디가 확립된 후에 갑자기 전혀 예측하지 못했던 화음을 들어 우리의 기대가 뒤흔들리는 것과 같다. 한나의 어린 아들이 성장했을 때, 그는 이스라엘 백성을 어떤 낯선 나라로 이끌고 갔다가 다시금 인도해 나오지 않았다. 오히려 우리의 모든 추측과는 달리, 이 이야기에서 낯선 나라로 들어가시는 분은 바로 하나님 자신이었다. 그리고 자신의 대적들을 무너뜨린 뒤에 승리자가 되어 다시금 돌아오신 분도 바로 하나님 자신이었다. 이처럼 이 이야기의 선율은 이전의 이야기들과 동일한 형태를 띠지만, 그 음조는 바뀌었다.

당시 이스라엘 백성은 블레셋과 전쟁 중에 있었다. 그리고 앞서 아벡에서 겪은 패배를 만회하기 위해, 그 백성의 장로들은 실로에 있는 언약궤를 그들의 진영 안으로 가져오기로 결정했다. 이는 그 언약궤가 "우리 중에 있게 하여 그것으로 우리를 우리 원수들의 손에서 구원하게" 하기 위함이었던 것이다(삼상 4:3). 이에 블레셋 사람들이 보인 반응은 더욱 힘을 내어 싸우는 것이었으며, 이때 그들은 흥미롭게도 이전에 있었던 이스라엘 백성의 출애굽 사건을 상기하면서 그 동기를 부여받았다(4:8-9). 그리고 이때에는 역사상 처음이자 유일했던 경우로서, 하나님의 궤가 이방 세력에게 붙잡히게 되었다. 이 소식을 접한 제사장 엘리는 바닥에 쓰러져 숨을 거두었으며, 그의 아들 홉니와 비느하스도 전투 중에 목숨을 잃었다. 그리고 비느하스의 아내 역시 아들을 낳고 그 이름을 '이가봇'(이는 '영광이 떠나갔다'를 뜻한다)이라 짓고서는 세상을 떠났다. 이스라엘을 통치하던 한 가문 전체가 하루 만에 멸절되고 말았는데, 이 일은 사무엘상에 기록된 마지막 경우가 아니었다 삼상 31장에서 사울과 그 아들들 역시 이런 결말을 맞게 된다—옮긴이.

그러는 동안에 주님의 궤는 적들에게 붙잡히게 되었다. 이때 온 이스라엘 백성을 대신해서 그분이 친히 포로가 되시는 형편에 처한 것은 하나님의 은혜를 나타내는 표지였다. 곧 그 백성은 자신들의 땅에 남아 있었으며, 하나님께서 친히 그들이 저지른 실패의 결과들을 떠맡으셨다(이 일 역시 이때의 경우가 마지막이 아니었다). 그런데 블레셋 족속은 자신들이 기대했던 것보다 훨씬 더 심각한 일들을 대면하게 되었다. 창세기의 바로와 아비멜렉이 아브람과 사래를 대하면서 겪게 된 일들이나 출애굽기에서 이집트인들이 이스라엘 백성을 상대하면서 발견하게 된 일들의 경우처럼, 하나님께 속한 백성을 자신의 수중에 두려 하는 것은 위험한 시도였다. 그리고 이는 그들이 그 백성을 이용해서 무언가 이득을 취하려 할 경우에 특히 그러했다. 더욱이 그들이 하나님 자신의 임재를 이용해서 그리하려 할 경우, 그것은 훨씬 더 심각한 문제가 되었다. 블레셋 족속이 그 궤를 자신들의 신전에 가져다 둔 다음 날 아침, 그들은 자신들이 섬기는 다곤 신의 신상이 주님의 궤 앞에 엎드러져 있는 모습을 발견한다. 이때 그들은 무언가 사소한 사고가 있었을 것이라고 추정하면서('바닥이 미끄러워서 그랬나?'), 그 신상을 일으켜 "다시 그 자리에 세"웠다(삼상 5:3). 하지만 그다음 날 아침에 벌어진 광경은 그다지 아름답지 않았다. 패배한 뱀의 모습이 그러하듯이 다곤 신상은 자신의 양손과 목이 끊어진 채로 놓여 있었다. 이는 곧 유일하고 참되신 하나님이 그 신들의 전쟁에서 승리하셨음을 의미했다.

그 후에 재앙이 시작되었다. 하나님의 궤가 마치 뜨거운 (그리고 매우 위험한) 감자처럼 블레셋의 여러 성읍으로 떠넘겨짐에 따라, 처음에는 아스돗, 그다음에는 가드와 에그론에서 악성 종기가 퍼져 나갔다. 이전에 그런 재앙들이 이집트를 강타했던 것을 아는 이들에게, 이는 매우 친숙한 일이다. "여호와의 손이 아스돗 사람에게 엄중히 더하사……성읍의 부르짖음이 하늘에 사무쳤더라"(삼상 5:6, 12). 이에 블레셋 족속은 자신들의 지도자들에게 "이스라엘 신의 궤를 보내어 그 있던 곳으로 돌아가게" 할 것을 촉구했으며(5:11), 그 지도자들은 "제사장들과 복술자들을 불러서" 그 궤를 어떻게 할지를 알아보려 했다(6:2). 그리고 그들은 다음과 같은 단호한 대답을 듣게 되었다. "애굽인과 바로가 그들의 마음을 완악하게 한 것같이 어찌하여 너희가 너희의 마음을 완악하게 하겠느냐? 그가 그들 중에서 재앙을 내린 후에 그들이 백성을 가게 하므로 백성이 떠나지 아니하였느냐?"(6:6) 블레셋 족속은 앞선 이집트의 사례나 그들 자신의 신상이 밤중에 타격을 당한 일을 교훈으로 삼아, 언약궤가 담긴 수레에 선물을 가득 실어 그것을 이스라엘 땅으로 돌려보내기로 결정했다. 하지만 하나님의 이 '출애굽' 여정은 이스라엘 백성의 반역 때문에 손상을 입게 되었으며

(6:19-21), 이는 선례가 없지는 않은 비극적인 사건의 전개였다. 그리고 언약궤는 그 후로도 100여 년 정도가 지나기까지 그 최종 목적지에 도착할 수가 없었다(삼하 6:1-19).

하지만 이 이야기는 대개의 출애굽 이야기들과 같은 방식으로 끝이 난다. 곧 이스라엘 백성은 약속의 땅을 되찾는 데 성공했으며, 하나님의 대적들은 그 땅에서 쫓겨나게 되었다. 이전에 여호수아가 그리했듯이, 사무엘은 그 백성을 한데 모아 그들이 섬겨 온 거짓 신들을 버리고 주님만을 섬길 것을 촉구했다(삼상 7:3). 이에 자신들의 잘못을 회개하며 부르짖은 뒤, 이스라엘 백성은 블레셋과의 싸움을 준비했다. 그런데 이때 그들은 (이전에 여리고 성 싸움에서 있었던 일과 마찬가지로) 하나님이 매우 독특한 방편을 통해 그 전투를 친히 승리로 이끄시는 일을 체험하게 되었다(7:10). 사무엘은 그 백성을 인도하여 이 싸움의 기념비를 세웠으며, 이는 여호수아가 요단 강을 건넌 뒤에 행한 일과 마찬가지였다. 그리고 그는 그 돌의 이름을 '에벤에셀'(이는 '도움의 돌'을 뜻한다)로 명명했다. "여호와께서 여기까지 우리를 도우셨다"(7:12). 이제 아벡 전투의 비극은 역전되었으며, 그 백성은 약속의 땅을 되찾았다. 앞서 한나가 예언했듯이, 약한 자는 강하게 되었지만 힘 있는 자들은 무너지고 말았던 것이다.

하지만 한나가 내다보지 못했던 것은 바로 어떤 **방편**을 통해 이 위대한 역전이 일어날 것인지 하는 문제였다. 그 이야기는 이스라엘 백성의 힘 또는 전략을 통해, 아벡이나 에벤에셀의 싸움터에서 그 전환점을 맞은 것이 아니었다. 오히려 그 이야기가 전환점을 맞은 것은 하나님의 언약궤가 적들에게 탈취되고 이방 신전의 신상 앞에 놓이며, 그분이 당하신 패배와 굴욕의 징표가 된 일을 통해 이루어졌던 것이다. 몇 해 후에 삼손이 당하게 되었던 일과 마찬가지로, 이때 블레셋 족속이 그 궤를 다곤의 신전에 가져다 둔 것은 자신들의 힘과 이스라엘 백성의 연약함을 드러내기 위함이었다. 당시 하나님의 원수들은 모두 그 모습을 보고 흡족해하면서 이스라엘의 무력함을 비웃었던 것이다. 하지만 위에서 언급한 위대한 역전이 이루어진 것은 바로 이 맥락, 곧 블레셋 족속의 승리가 절정에 이른 그 상황 속에서였다. 이때 이스라엘의 하나님은 자신이 굴욕을 **겪으셨음에도 불구하고** 승리를 얻으신 것이 아니라, 어떤 면에서 바로 그 굴욕을 **통해** 승리를 거두셨던 것이다. 이스라엘의 용사였던 삼손은 자신이 죽을 때에 고개를 숙이고 팔을 뻗어 다곤 신의 신전을 무너뜨렸으며, 이를 통해 자신이 살아 있는 동안에 죽였던 것보다 더 많은 적들을 쓰러뜨렸다. 이와 마찬가지로, 하나님의 언약궤는 그것이 적들에게 붙잡힘으로써 이스라엘 백성을 위기에서 구해 냈던 것이다. 이때에 다곤 신상의 머리는 끊어지게 되었다.

그 후로 언젠가, 아스돗에서 그리 멀지 않은 곳에서 하나님이 다시 붙잡히시게 되어 있었다. 그때 그분은 이방인들에게 붙들려서 그들과 그 신들 앞에서 끌려 다니셨으며, 비웃음과 조롱을 당하고 굴욕을 겪으셨다. 그리고 그분이 가장 연약한 상태에 처하셨던 순간, 곧 그분이 벌거벗은 채로 십자가에 못 박혀 피를 흘리시며 대적들이 그분에게 침을 뱉고 그분의 옷을 제비 뽑아 나누던 그 순간에 위대한 역전이 일어났다. 이스라엘의 하나님은 다시금 그분의 굴욕에도 불구하고서가 아니라, 어떤 면에서 바로 그 굴욕을 통해 승리를 거두셨다. 이때 이스라엘의 참된 용사이신 예수님은 십자가에서 고개를 숙이고 팔을 뻗은 채로 죽음을 맞으셨으며, 자신의 죽음을 통해 그분이 이 땅을 거니실 때에 구원하셨던 것보다 훨씬 더 많은 사람들을 구원하셨다. 이처럼 하나님의 아들이신 그분은 자신이 친히 붙잡히심으로써 그분께 속한 백성들을 구원하셨다. 그리고 이때 그분의 원수인 그 용의 머리가 깨어지게 되었던 것이다.

≪ 복습을 위한 질문 ≪

1. 사무엘의 이야기가 어머니 한나에 관한 내용으로 시작되는 이유는 무엇 일까?

2. 하나님의 궤가 적들에게 붙잡힌 일은 어떻게 또 다른 신들의 전쟁으로 이 어지게 되었는가?

3. 당시 블레셋 족속은 이집트인들의 사례로부터 무엇을 배웠는가?

≫ 생각을 위한 질문 ≫

1. 한나의 이야기와 기도는 그녀가 겪은 개인적인 곤경과 당시 이스라엘 백 성이 처했던 상황 사이의 연관성을 어떤 식으로 조명해 주는가?

2. 사무엘상 1-2장의 이야기와 누가복음과 사도행전의 도입부에 있는 장들 사이에는 어떤 유사성이 있는가?

3. 언약궤가 붙잡힌 이야기와 삼손의 죽음 이야기는 그리스도 안에서 드러 난 하나님의 구원 방식을 이해하는 데에 어떤 도움을 주는가?

13

하나님의 집을 위한 일들

〖 사무엘상 15장–사무엘하 24장 〗

사고 실험thought experiment 을 하나 해보자. 성경에 기록된 다윗의 시편들 중 어느 것도 저자가 누구인지 모른다고 가정한다. 그 시편들을 성경의 주요 인물 중 하나인 누군가가 모두 기록했다는 말을 듣고 그 사람이 누구인지 알아맞혀 본다. 이때 우리는 누가 그 시편들을 작성했다고 할까?

한 번 생각해 보자. 시편 기자는 자신이 적들에게 쫓겼던 일(시 7:1)과 깊은 수렁에 빠져 물이 목까지 차올랐던 일(시 69:1-2)을 언급하고 있다. 이른 아침에 자신의 운명이 바뀌었던 일(143:8), 거센 물살 가운데서 건짐 받았던 일(32:6), 원수들이 그들 스스로 파놓은 함정에 걸리는 모습을 보았던 일(9:15)을 기록하며, 그 자신은 그 수렁에서 건짐을 받아 견고한 땅 위에 서게 되었다(40:2)고 한다. 이뿐 아니라 그는 하나님이 구름 가운데서 임재하신 일(18:11)과 주님의 사자가 자신을 둘러 진 친 일(34:7)을 고백하고 있다. 또 하나님께서 자신의 원수들에게 우박을 내리시고 하늘에서 벼락이 치게 하시며, 그분의 콧김으로 바닷길이 드러나게 하신 일들을 찬미하고 있다(18:12-15). 또 말과 병거들에 의존하던 자들의 패배를 기뻐하며(20:7-8), 반석이신 하나님께 경배한다(18:2). 그뿐만 아니라 그는 사막 한가운데서 물을 찾듯이 그분의 임재를 간절히 갈망한다(63:1). 그는 하나님이 친히 일어나셔서 자신의 원수들을 흩어 주시기를 간구한다(68:1). 그리고 그는 하나님이 베풀어 주신 율법을 찬미하며(19:7-13), 그분이 자신의 백성을 번영의 땅으로 인도해 가신 일들을 송축한다(68:6). 이 모든 시편 가운데서 '그 왕'이 언급되지 않았다면, 우리는 이 시편들의 저자를 다윗이 아닌 **모세**로 추정할 수도 있었으리라는 것이 내 생각이다.

어떤 이들은 시편의 이런 내용들을 두고서 그저 시적인 상상력에 근거한 이미지일 뿐이라고 주장할지도 모른다. 우리가 이 책에서 계속 살펴 왔듯이 출애굽 이야기는 이스라엘 백성의 생각 속에서 큰 비중을 차지하고 있으며, 따라서 그 백성의 지도자들이 어떤 노래를 지을 때에는 자연히 그 이야기를 구조적인 배경으로 삼았으리라는 것이다. 하지만 사무엘서와 역대기에서 서술되는 다윗의 생애를 좀 더 면밀히 살피면, 다윗이 출애굽의 성격을 지닌 노래들을 부른 이유는 곧 그가 처음부터 끝까지 그런 성격을 지닌 삶을 살았기 때문임을 알게 된다.

　사무엘서에서 다윗이 등장하고 거의 곧바로, 그는 당시에 이
스라엘 백성을 억압하고 있던 족속의 힘센 전사를 대면하게 된다.
앞서 모세가 바로를 상대로 치른 싸움과 마찬가지로, 이때 다윗이
골리앗에 맞서 벌인 싸움은 곧 두 사람을 통해 전개된 신들 사이
의 전쟁이었다. 그리고 이 싸움은 전형적인 경고와 위협, 모욕적
인 말들로 완성되었다. 이 싸움의 승패에는 대단히 중요한 결과가
달려 있었다. 곧 진 자가 속한 편은 노예가 되고, 이긴 자가 속한
편에게는 그 땅과 승리가 주어지게 되어 있었다. 바로가 창에 찔
린 용으로 묘사되었듯이(사 51:9, 겔 29:3), 여기서 골리앗은 비늘
갑옷에 덮인 사악한 뱀의 형상으로 그려지고 있다(삼상 17:5). 그
는 엘라 골짜기에서 다윗을 기다리면서 이스라엘 진영을 향해 비
난의 말들을 쏟아냈다. 앞서 모세의 경우가 그랬던 것처럼, 이때
다윗이 지닌 자격은 양 떼들을 돌본 경험과 살아 계시는 하나님을
경외하는 마음뿐이었다. 그리고 우리는 이때의 결과가 어떠했는
지를 안다. 곧 에덴동산의 뱀이나 홍해의 깊은 곳에 수장된 그 용
처럼, 골리앗 역시 다윗의 발아래 밟히고 머리가 깨어지며 마침내
는 죽임을 당했던 것이다. 그동안 블레셋의 거인들을 두려워했던
이스라엘의 남자들은 승리감에 차서 그 골짜기 바깥으로 돌격해
나갔으며, 여인들은 손에 소고를 쥐고서 그 백성이 얻은 승리를
찬미하는 노래를 불렀다. 이스라엘의 하나님이 승리자이심이 확
증되었던 것이다.

하지만 그 이야기는 이제 시작일 뿐이었다. 다윗이 대면할 '바로와 같은' 인물은 골리앗뿐이 아니었다. 창을 휘두르던 블레셋의 거인이 죽임을 당했을 때, 우리는 불길하게도 또 다른 인물이 자신의 창을 들고서 미래에 왕이 될 다윗을 위협하는 모습을 곧 발견하게 된다. "그때에 사울의 손에 창이 있는지라. 그가 스스로 이르기를 내가 다윗을 벽에 박으리라 하고 사울이 그 창을 던졌"다(삼상 18:10-11). 이 같은 모습은 다윗을 억압하는 자의 역할이 골리앗에서 사울에게로 옮겨 갔음을 보여준다. 그리고 이와 함께, 이스라엘 백성의 안전과 그들의 기업을 위협하는 인물 역시 바뀌었던 것이다. 이제는 사울이 새로운 바로가 되었다.

바로가 그랬듯이, 하나님께 기름 부음 받은 지도자가 아직 어릴 때에 사울은 그를 죽이려고 시도했다. 하지만 아이러니컬하게도, 그는 자신의 딸이 그 일에 끼어듦으로써 뜻을 이루는 데 실패하고 말았다. 바로의 경우와 마찬가지로 사울은 자신의 적수인 다윗을 자기 집안에 들였으며, 자신의 경쟁자인 그를 없애 버리려던 시도는 다윗이 밤중에 피신하면서 자신이 누웠던 자리에 동물 형체를 대신 놓아 두는 일로 이어졌다(삼상 19:11-17). 그리고 바로의 경우와 마찬가지로, 사울은 강퍅한 마음을 품고서 자신의 적수인 다윗을 추격했다. 그리고 이 일은 마침내 사울 자신과 그의 가족 모두가 멸절되는 결과를 가져왔다.

그동안에 다윗은 자신을 쫓아오는 사울 왕을 피해 도망쳤으며, 결국 광야를 떠도는 신세가 되었다. 다윗은 자신이 처음 도착한 곳에서 거룩한 떡, 곧 하나님의 임재를 상징하는 떡을 받아서 먹었는데, 이는 과거에 이스라엘 백성을 위해 하늘에서 주어졌던 만나를 생각나게 한다(삼상 21:1-6). 그리고 그는 인적이 끊긴 외딴 곳에서 세상을 향해 원망과 불평을 품은 이들의 집단을 이끄는 우두머리가 되었다(22:1-5). 또 다윗은 에돔 족속의 방해를 받았으며, 이는 출애굽 당시에 이스라엘 백성이 광야에서 겪었던 일과 마찬가지였다(22:11-19). 그리고 다윗은 낯선 나라의 왕 밑에서 상당한 시간을 보내게 되었다. 이곳에서 그는 약간의 땅을 받았으며, 마침내는 큰 무리의 사람들을 거느리고 그 나라를 떠나게 되었다. 그러고는 아말렉 족속을 물리쳤다(27:1-30:31). 그런데 여기서 드러나는 인상적인 차이점은 곧 자신들을 없애려 했던 왕이 패배했을 때 모세와 이스라엘 백성은 기쁨의 노래를 부른 반면에("여호와는 용사시니", 출 15:3), 다윗은 그를 위한 애가를 지었다는 데 있다("두 용사가 엎드러졌도다", 삼하 1:19, 25, 27). 모세와 다윗의 이야기 속에는 각기 두 개의 주된 노래가 담겨 있다. 그중 하나는 각 이야기의 중간 부분에 등장하는 것으로, 그들의 대적이 패배를 당한 직후에 부른 노래이다(출 15장, 삼하 1장). 그리고 다른 하나는 각 이야기의 끝부분에 수록된 것으로, 자신들을 안전하게 인도하신 하나님, 반석과도 같은 그분의 신실하심을 찬미하는 노래이다(신 32장, 삼하 22장).

다윗의 생애가 황량한 사막 같기만 했던 것은 아니었다. 이전의 이스라엘 백성과 마찬가지로, 그는 마침내 광야의 방랑 생활을

끝내고 하나님이 그에게 주신 땅을 얻게 된다. 사무엘하에서는 앞서 여호수아가 가나안 땅을 정복했던 일의 메아리들이 자주 나타난다. (여리고 성처럼) 난공불락으로 보였던 예루살렘의 요새가 함락된 일이나 (라합과 같이) 적의 입장에 있었던 므비보셋을 다윗이 받아들이고 친절을 베푼 일, 한 여인이 정탐꾼들을 숨겨 준 일(삼하 17장)과 다윗이 요단 강을 건너서 예루살렘 성을 다시 차지한 일(19장) 등이 그것이다. 그러나 여호수아 7장의 아간과 마찬가지로, 먼저는 다윗이(그는 밧세바를 상대로 그리했다), 그다음에는 그의 두 아들이(암논은 다말을 상대로, 그리고 압살롬은 그 왕국을 가지고서 그리했다) 자신들에게 금지된 대상을 강탈한 것은 비극적인 일이었다. 그리고 그런 일들은 그들의 가족과 그 나라에 재앙과도 같은 결과들을 가져왔다. 우려스럽게도, 이 이야기는 **다윗**이 바로와 같은 왕이 되어 하나님께 택함 받은 그 백성을 자신의 목적대로 이용하려 하는 모습으로 끝이 난다. 그리고 그 결과로서 **이스라엘 백성**은 주님의 천사가 가져온 재앙에 시달리게 되었던 것이다 (삼하 24장). 이처럼 그 백성은 약속의 땅을 차지했지만, 아직 안식을 누리지 못하는 상태에 있었다. 그들은 여전히 진정한 여호수아 예수님—옮긴이가 임할 때를 기다려야만 했던 것이다.

하지만 다윗의 생애 가운데서 출애굽 이야기를 되울려 주는 가장 중요한 메아리가 된 일은 전쟁이나 재앙, 대적들이나 사막과는 관계가 없는 것 같다. 각각의 사건들이 주는 흥분을 벗어나서 다윗 이야기의 전반적인 흐름을 살펴보면, 그는 모세와 마찬가지로 하나님의 임재를 간구하고 이스라엘 백성을 참된 예배 가운데로 이끌어 가는 한 사람의 선지자 같은 지도자였다. 그는 주님이 주시는 언약을 받았으며, 그분이 거하실 집을 짓기 위해 준비했다. 다윗은 하나님의 언약궤를 예루살렘으로 가져왔으며, 그분의 처소를 건축하기를 갈망했다. 그는 다음과 같은 하나님의 언약과 약속을 받았다. "내가 네 몸에서 날 네 씨를 네 뒤에 세워 그의 나라를 견고하게 하리라. 그는 내 이름을 위하여 집을 건축할 것이요 나는 그의 나라 왕위를 영원히 견고하게 하리라. 나는 그에게 아버지가 되고 그는 내게 아들이 되리니"(삼하 7:12-14). 다윗은 음악가들로부터 재정에 이르기까지 하나님의 집을 짓는 데 필요한 모든 것을 미리 준비했다. 여러 가지 측면에서, 그것이 곧 그가 남긴 유산이었던 것이다. 또한 다윗은 바로 이 점에서 모세를 가장 닮은 모습을 보이기도 했다.

대부분의 사람들이 보기에, 출애굽기는 흥미진진한 전반부와 지루한 후반부로 이루어져 있다. 곧 그 책의 앞부분에서는 피와 번개, 탈출에 관한 내용들이 쉴 새 없이 전개되지만(출 1-19장), 뒷부분에서는 율법과 성막 준비에 관한 지시사항들이 나열되어 있다(20-40장). 이와 마찬가지로, 성경에 기록된 다윗의 이야기 역시 두 부분으로 구성되어 있다. 그리고 그중 한 부분이 다른 부분보다 훨씬 더 극적인 성격을 띤다. 곧 사무엘상하에서는 긴박하고 흥미로운 흐름이 전개되는 반면, 역대상에서는 주로 성전 예배를 준비하는 일에 관한 다소 평범한 세부사항들이 이어진다. 하지만 모세와 다윗의 이야기 모두에서 그 저자들은, 사람들 간의 싸움과 배신보다는 하나님의 집을 짓는 일에 초점을 맞추면서 그 이야기를 결론짓고 있다. 출애굽기는 하나님의 영광이 성막을 가득 채우는 모습으로 끝이 난다. 사무엘하는 다윗이 성전을 짓기 위한 땅을 구입하는 모습으로 마무리된다. 역대상은 이스라엘 백성이 성전 건축을 위해 재물을 바치고 다윗이 이에 대한 감사 기도를 드리는 모습으로 매듭지어진다. 여기서 그 저자들은 마치 이렇게 언급하는 것 같다. '다윗과 모세는 모두 구출과 실패, 승리와 상실을 겪었다. 하지만 무엇보다도 중요한 점은 곧 그들에게 하나님의 집을 향한 열심이 있었다는 것이다.'

바로 이 점에서, 다윗 왕의 생애는 왕이신 예수님의 이야기에 대한 가장 감동적인 전주곡이 되는 것이다. 우리는 다윗과 예수님 사이의 유사점들을 헤아리는 데 어느 정도 익숙해져 있다. 곧 다윗에게는 그가 태어나기 전에 누군가 그에 관해 노래한 사람이 있었다. 당대의 위대한 선지자가 그에게 기름을 부었으며, 그의 형제들이 그를 배척했다. 그는 이스라엘 백성을 대표하여 큰 뱀에게 맞선 싸움에서 승리했으며, 질투심에 찬 왕의 추격과 핍박을 받았다. 그리고 다윗은 그다지 유쾌하지 않은 이들로 구성된 자신의 무리를 이끌고서 이곳저곳으로 계속 옮겨 다녔으며, 마침내는 예루살렘에서 승리를 거두었다. 그런데 예수님의 삶과 마찬가지로, 다윗의 생애는 궁극적으로 하나님의 집을 위한 것이었다. 이제 다음과 같은 다윗의 모습을 마음속에 그려 보자. 그는 또 한 번의 개인적인 출애굽을 겪으면서 예루살렘을 떠났다. 기드론 골짜기를 건너서 감람산에 올랐으며, 길을 가는 동안에 계속 눈물을 쏟았다. 하지만 그 가운데서도 다윗은 하나님의 언약궤를 그 도성으로 되돌려 보낼 것을 지시했다(삼하 15:19-31). 그는 자신의 절친한 벗에게 배신을 당했으며, 그 벗은 스스로 목을 매어 죽게 된다(17:23). 다윗은 조롱과 저주를 받았으며, 자신의 벗들이 그를 위해 싸우려 하자 그들을 책망하고 그 저주를 묵묵히 감당했다(16:5-14). 그런데 이 모든 일이 벌어진 뒤에도, 다윗의 초점은 여전히 하나님의 집을 짓는 일에 있었다. 곧 그는 그 집의 위치와 재료, 그 집을 위한 제사장과 음악가들, 그 집의 문지기와 곳간 지기들, 그 집의 건축 계획과 재정 문제에 자신의 온 마음을 쏟고 있었다(대상 21-29장). 다윗은 그 왕국이 온전히 확립되고 하나님의 집이 봉헌되며 성전이 영광으로 가득 차게 될 날을 고대했던 것이다. 실질적으로 그는 자신의 아들 솔로몬에게 다음과 같이 당부했다. "성전이 봉헌되며 하나님의 영광이 그 안에 임하기 전까지는 그곳을 떠나는 일을 생각하지도 말아라. 결국 이 모두는 바로 그분의 집을 위한 일들이다."

이후에 예수님은 자신의 제자들에게 말씀하시면서, 이 당부를 이렇게 표현하셨다. "너희는 위로부터 능력으로 입혀질 때까지 이 성에 머물라"(눅 24:49). 마침내 성전이 봉헌되고 하나님의 영광이 그 안에 임하기까지, 그곳이 거센 바람과 불 같은 혀로 충만해지기까지 결코 그곳을 벗어나지 말라는 것이다. 이는 우리가 행하는 모든 일이 바로 그분의 집을 위한 것이기 때문이다.

≪ 복습을 위한 질문 ≪

1. 다윗의 시편에서 출애굽의 주제에 대한 메아리가 나타나는 사례들을 몇 가지 찾아보라.

2. 골리앗과 사울 왕은 어떤 면에서 바로를 닮았는가?

3. 압살롬의 반란 이후에 다윗이 예루살렘을 떠난 이야기는 그리스도께서 예루살렘을 떠나실 일을 어떻게 예기하고 있는가?

≫ 생각을 위한 질문 ≫

1. 사무엘상 19:11-17을 읽을 때 떠오르는 또 다른 성경의 이야기들을 제시해 보라.

2. 다윗의 이야기와 야곱 및 그 아들들의 이야기 사이에는 어떤 유사점들이 있는가?

3. 아말렉 족속과의 싸움이 성경에서 중요한 의미를 지닐 수 있었던 이유는 무엇인가?

14

출애굽의 끝?

[열왕기상 6-13장]

우리가 아직 살펴보지 못했지만 탐구해 볼 가치가 있는 질문이 있다. '이스라엘 백성의 출애굽은 언제 그 끝에 이르렀을까?' 그 사건은 첫 유월절 밤에 끝났을까, 백성이 홍해를 건넜을 때 끝났을까, 시내 산에서 율법을 받았을 때 끝났을까? 모세가 세상을 떠났을 때, 백성이 요단 강을 건넜을 때, 아니면 여리고 성이 무너졌을 때? 여호수아가 세상을 떠났을 때, 다윗이 왕위에 올랐을 때? 아니면 아예 끝난 적이 없었던가?

그중 한 가지 대답은 이스라엘 백성의 출애굽이 우리가 흔히 생각하는 것보다 훨씬 더 늦은 시기에 마무리되었음을 시사한다. "이스라엘 자손이 애굽 땅에서 나온 지 사백팔십 년이요 솔로몬이 이스라엘 왕이 된 지 사 년 시브월 곧 둘째 달에 솔로몬이 여호와를 위하여 성전 건축하기를 시작하였더라"(왕상 6:1).[1] 여기서는 세 가지 일이 우리에게 인상적으로 다가온다. 첫째, 이 구절에서는 솔로몬이 성전을 건축한 시기를 그 백성의 출애굽이 있었던 때로부터 미루어 계산하고 있다. 둘째, 이 성전 건축은 이스라엘 백성이 이집트를 떠난 지 정확히 열두 세대가 지난 후에 시작되었다 (480=12×40). 셋째, 이 기간에다가 성전을 완공하는 데 걸린 시간(7년)과 왕궁을 짓는 데 든 시간(13년)을 더하면, 첫 유월절의 밤으로부터 솔로몬이 이스라엘을 향한 그분의 약속을 지키신 하나님을 송축한 날까지는 정확히 500년이 흐른 것이 된다. "여호와를 찬송할지로다. 그가 말씀하신 대로 그의 백성 이스라엘에게 태평을 주셨으니 그 종 모세를 통하여 무릇 말씀하신 그 모든 좋은 약속이 하나도 이루어지지 아니함이 없도다"(왕상 8:56). 이처럼 하나님이 거하시는 처소인 성전을 건축한 일은 곧 어떤 의미에서 그 백성의 출애굽을 완성하는 사건이 되었던 것이다. 이스라엘 백성이 그 유월절 밤에 이집트를 빠져나올 때 품었던 꿈들, 곧 그들이 반죽을 담은 그릇을 어깨에 메고서 불안해하는 아이들을 데리고 나올 때에 지녔던 그 꿈들은, 자신들이 안정과 번영을 누리며 지혜로운 왕의 통치 아래서 평안히 거하는 것이었다. 또 하나님의 영광이 영원히 머무는 그분의 견고한 집을 짓는 일이 그들의 바람이었다. 그리고 마침내 성전이 건축됨으로써 그 백성의 모든 꿈이 실현되었다.

당시 그 성전이 지녔던 의미를 지금 우리가 파악하기는 쉽지 않다. 당시 이스라엘 백성은 그곳을 주로 하나의 건축물 또는 자신들이 가서 제사를 드리는 장소로 여기지 않았다. 오히려 그들은 그곳을 하나님이 강림하셔서 자신들과 만나 주시는 장소, 곧 하늘과 땅이 서로 만나는 지점으로 여겼다. 처음에는 성막이, 그러고 나서는 (더욱 웅장하게 지어진) 성전이 에덴동산을 생각나게 하는 이미지들로 가득 차 있었던 이유는 바로 여기에 있었다. 태초의 그 동산은 곧 하나님이 인간들과 함께 땅을 거니셨던 장소였기 때문이다.[2] 실제로 그 성전 전체는 풍성하고 푸르며 맑은 물이 흐르는 동산을 떠올리게 하는 모습으로 건축되었다.

당시의 성전을 한 바퀴 돌아볼 때, 석류와 활짝 핀 꽃들, 종려나무와 백합, 백향목과 감람나무의 이미지들이 드러났다. 또 성전의 마당에는 놋으로 된 받침대 위에 놓인 물그릇들이 있었는데, 그 받침대들에는 병거의 수레바퀴들이 달려 있었다. (당시의 예배자들은 이 모습을 보면서 이스라엘 백성이 홍해의 물 사이를 걸어서 건넜던 때, 그리고 병거에 탄 이집트인들이 그 뒤를 추격해 왔던 때를 떠올렸을 것이다.) 성전의 내소에는 그곳을 지키는 두 그룹의 형상이 놓여 있었으며, 성전의 벽과 문들 위에도 그룹의 이미지가 새겨져 있었다. 그리고 성전의 입구에는 그곳을 지키는 두 개의 거대한 놋 기둥이 세워져 있었다. 이 모든 형상은 곧 에덴동산의 입구에 감시자로 세워져 있었던 그룹들의 모습을 연상시켰다. 그리고 이 성전은 심지어 얼굴과 갈비뼈, 어깨를 지닌 것으로 묘사되고 있는데(왕상 6:3, 5, 8; 7:39), 이 점은 에덴동산에서 하와가 아담의 갈비

뼈로부터 '지음' 받았던 일을 되새기게 한다. 이 성전은 곧 솔로몬이 주님께로 인도한 신부인 그 백성을 상징하는 건축물이었다. 또 에덴동산과 마찬가지로 하나님이 특별히 임재하시는 성소였으며, 이 성전 안으로 열국의 풍성한 보화들이 모여들게 되어 있었다. 그리고 이런 모습은 당시 스바 여왕의 방문을 통해 곧바로 이루어지기 시작했다.

이 이야기가 열왕기상 8장에서 멈출 수 있었다면 좋았을 것이다. 당시에는 성전이 건축되어 하나님께 봉헌되었으며, 그분의 영광이 그곳에 임재한 상태였다. 그리고 이스라엘 백성은 안정된 삶을 누리면서 부와 평안, 행복을 소유하고 있었다. 하나님의 모든 약속이 이루어져 있었으며, 그들은 이후로 언제까지나 행복하게 살 수 있을 것처럼 보였다.

하지만 그들은 실제로 그리하지 못했다. 앞서 있었던 출애굽의 이야기들을 이미 읽은 우리는 그 이유를 짐작할 수 있다. 이전의 아담이나 이스라엘 백성과 마찬가지로 솔로몬 역시 타락했으며, 이로써 출애굽 이야기의 영웅적인 인물 여호수아에서 벗어나 비극적인 인물 바로와 같이 되고 말았다. 이 일은 먼저 그가 이집트 왕 바로의 딸과 혼인함으로써 시작되었다(왕상 9:16). 그런 다음에 앞서 바로가 그리했듯이 백성들을 강제 노역에 동원해서 자신의 건축 계획들을 완성하고 국고성들을 지었다(9:15-19). 그 다음에 솔로몬은 자신의 함대를 구축하고, 그 배들을 홍해 지역에 배치했다(9:26). 그는 이집트의 말과 병거들을 사들였으며, 막

대한 양의 금을 축적했다(10:14-29). 또 거짓 신들을 숭배했으며, 우상에게 제사하기 위해 산당들을 건축했다(11:1-8). 이뿐 아니라 출애굽기 1-2장의 내용을 뚜렷이 상기시키는 일로서, 솔로몬은 다른 족속의 한 젊은 남자와 적대 관계에 놓이게 된다. 이때 그 남자는 출생 시에 죽임을 당할 뻔했지만 이집트로 몸을 피하며, 바로의 가문에 속한 일원이 된다. 이후 그 남자는 바로의 곁을 떠나겠다고 허락을 구했으며, 그 뒤에는 솔로몬의 대적이 되었다(11:14-22). 또 솔로몬은 자신이 강제 노역의 감독관으로 임명했던 여로보암을 죽이려 했고, 여로보암은 (이제 우리는 그 행선지를 예측할 수 있다) 이집트로 도망쳤다(11:26-40). 마침내 솔로몬의 아들이 왕위에 올랐을 때, 그 아래에 있던 백성들은 솔로몬을 "우리의 멍에를 무겁게" 하고 채찍으로 "징계"했던 왕으로 지칭했다(12:10-11). 다윗의 아들인 그가 이스라엘 백성의 재앙이 되었으며, 여인의 후손이었던 그가 용이 되고 만 것이다.

하지만 더욱 심각한 일이 오고 있었다. 솔로몬에 대한 심판으로, 하나님이 그 나라를 둘로 나누셨던 것이다. 그리하여 남쪽의 두 지파는 그의 아들 르호보암의 치하에 놓였고, 북쪽의 열 지파는 여로보암의 다스림 아래로 들어가게 되었다. 이로써 우상 숭배하는 이스라엘의 타락이 중단되었을 것이라는 희망을 품었다면, 그 희망은 이내 스러지고 말 것이다. 여로보암은 스스로 새로운 아론이 되었으며, 자신의 백성들로 하여금 이제 하나가 아닌 두 개의 금송아지들을 숭배하게 했던 것이다. 이때 그는 이렇게 선포했다. "이스라엘아, 이는 너희를 애굽 땅에서 인도하여 올린 너희의 신들이라"(왕상 12:28). 그는 우상 숭배를 위한 새로운 제사장 직분자들을 세웠으며, 아론의 아들들의 이름이 나답과 아비후였던 것을 본떠서 자기 아들들의 이름을 나답과 아비야로 짓기까지 했다(14:1, 20). 아울러 르호보암의 경우도 이보다 낫지 않았다. 그는 북쪽의 지파들을 상대로 끊임없이 전쟁을 벌였으며, (다시 한번) 이집트의 왕이 그의 나라를 침공하여 성전을 약탈해 갔다. 이처럼 겨우 몇 년 사이에, 이스라엘 백성이 거두었던 출애굽의 승리는 다시금 광야의 반역이 되고 말았다.

하지만 출애굽의 하나님은 여전히 그곳에 계셨다. 그분은 자신의 언약을 기억하셨으며, 당시 혼란스러운 분열과 참담한 곤경 속에 처해 있던 그 백성을 향해 말씀하셨다. 이때 하나님은 작은 모세와도 같은 그분의 종을 세우셔서, 여로보암을 심판하시는 동시에 그 우상 숭배가 마침내 무너지리라는 약속의 말씀을 전하게 하셨다(왕상 13장). 우리가 그 이름조차 알지 못하는 이 유다 출신의 선지자는 (이전에 모세가 그리했듯이) 왕 앞에 나아가 하나님의 말씀을 선포했으며, (모세가 그리했듯이) 그에 대한 심판의 이적적인 증표로써 자신의 말을 확증했다. 또 그는 왕의 제단이 갈라지는 것을 보았으며(이는 모세가 하나님께 받은 돌판들이 쪼개어졌던 것과 마찬가지였다), 그 위의 재가 쏟아지는 것을 목격했다(이는 모세 당시에 금송아지가 깨뜨려져서 가루가 되어 물에 뿌려졌던 것과 마찬가지였다). 그리고 더욱 불길하게도 이 선지자는 여정의 한가운데서 집중력을 잃고 하나님의 명령에 불순종했다. 그러고는 (모세가 그랬듯이) 자신의 목적지에 도달하기 전에 숨을 거두었다. 하지만 그 이전에 이 선지자는 하나님이 내리시는 심판의 말씀을 다음과 같이 선포했는데, 이는 그 백성을 향해 주시는 약속의 말씀이기도 했다. "제단아 제단아, 여호와께서 이와 같이 말씀하시기를 다윗의 집에 요시야라 이름하는 아들을 낳으리니 그가 네 위에 분향하는 산당 제사장을 네 위에서 제물로 바칠 것이요"(13:2). 이전의 모세와 마찬가지로, 이 하나님의 사람은 미래에 하나님이 이스라엘 백성을 위기에서 구해 내시기 위해 이방 신들을 훼파하고 그 백성을 하나로 연합시킬 지도자를 다시금 일으켜 세우실 것임을 내다보았다. 다만 그 일에는 조금 시간이 요구되었다. 이전에 그 백성이 여호수아의 때까지 40년을 기다렸던 것처럼, 그들은 요시야의 때가 오기까지 거의 300년가량을 기다려야만 했다.

그리고 요시야의 때로부터 600년이 흐른 뒤에, 또 다른 유다 출신의 선지자가 이스라엘 땅에 나타나셨다. 그분은 그 나라의 통치자들 앞에 나아가서 그들의 예배에 대한 심판을 선포하셨으며, 기적적인 증표들로써 자신의 말을 확증하셨다. 또 그분은 성전에서 장사하는 자들의 상을 엎으시고 당시의 제사 체계를 일시적으로 중단시키셨으며, 그 체계를 운영하는 자들을 향해 '강도의 무리'라고 꾸짖으셨다. 그분 역시 무시당하고 죽임 당하고 다른 이의 무덤에 장사되었다. 이전의 여로보암이 그리했듯이, 이때 예루살렘의 지도자들은 다시 성전의 상들을 가져다 놓고서는 이전에

해왔던 일들을 그대로 지속해 갔다. 여로보암 때에 유다 출신의 그 사람이 사자에 의해 죽임을 당했던 것처럼, '유다의 사자'이셨던 그분은 사람들의 손에 죽임을 당했다.

　그러나 그분의 죽으심을 통해 벌어진 일은 모든 차이점을 만들어 냈다. 마침내 요시야 왕에 의해 여로보암에 대한 예언이 성취되고 여로보암의 제단이 허물어졌을 때, 그 왕은 유다 출신의 선지자가 묻힌 무덤을 발견하게 되었고 아무도 그의 뼈를 옮기지 말라고 지시했다(왕하 23:18). 다른 한편, 예수님의 제자들이 유다 출신의 선지자이신 그분의 무덤을 들여다보았을 때, 그곳에는 그들이 옮길 만한 뼈가 남아 있지 않았다.

1. 솔로몬이 성전을 건축한 일은 어떤 면에서 출애굽의 완성으로 볼 수 있는
   가? 그 성전은 어떤 면에서 에덴동산과 닮았는가?

2. 솔로몬은 어떤 면에서 바로를 닮은 인물이 되었는가?

3. 이스라엘 백성이 솔로몬 왕 통치 초기에 있었던 영광의 정점에서 몰락한
   일은 어떤 면에서 이전의 타락 이야기들을 상기시키는가?

1. 솔로몬이 새로운 아담과도 같다는 사실은 열왕기상 3장에서 솔로몬이 하
   나님께 지혜를 구했던 일을 이해하는 데 어떤 도움을 주는가? 이런 사실
   은 우리가 창세기 3장을 읽어 가는 데 어떤 영향을 주겠는가?

2. 신명기 17:14-17의 내용은 솔로몬의 타락이 지닌 성격을 어떤 면에서 더
   욱 뚜렷이 드러내 주는가?

3. 열왕기상 13장의 기이한 이야기는 어떤 면에서 그 백성 전체가 처할 운명
   을 보여주는 하나의 비유가 되겠는가?

15

엘리야와 엘리사

〚 열왕기상 16장–열왕기하 13장 〛

분열 왕국은 350년간 지속되었는데, (한두 차례의) 상향과 (엄청 많은) 하향으로 이루어진 롤러코스터처럼 이 기간 동안 백성들의 우상 숭배는 반복되었다. 그리고 이것은 열왕기상과 열왕기하에 있는 대부분의 본문에서 다루는 주제가 된다. 그런데 이 책들의 저자는 이 시기에 다루어야 할 온갖 주요 사건들이 있음에도 불구하고(르호보암 치하에서 왕국이 둘로 나뉜 일, 북 왕국 이스라엘의 백성들이 앗수르에 포로로 끌려간 일, 요시야 치하에서 성전이 회복된 일, 특히 남 왕국 유다의 백성들이 바벨론으로 끌려간 일 등), 절반 이상을 단 두 사람의 활동에 할애한다. 그들은 바로 엘리야와 엘리사였다. 이 두 선지자의 활동이 대단히 중요한 것은 분명하다. 그 이유는 무엇일까?

얼핏 보면, 그 두 사람의 삶에 극적인 이야기들이 많이 담겨 있기 때문이라고 생각할 수 있다. 그들의 삶을 다룬 열아홉 장의 성경 본문 가운데는 가뭄과 폭우, 지진과 태풍, 하나님의 세미한 음성뿐 아니라 살인과 전투, 강을 건넌 일과 시각적인 환상이 임한 일, 불과 병거와 불병거, 회오리바람과 곰들, 기름과 밀가루, 도끼와 국, 포위 공격과 기근, 음모와 암살, 나환자들이 고침 받고 죽은 이가 일으킴을 받은 일에 관한 무수한 이야기들이 포함되어 있기 때문이다. 물론 이런 특징은 사실이지만, 위의 관점은 열왕기서의 저자가 따분한 목록들을 열거하는 일 역시 피하지 않고 있다는 점을 간과하고 있다. 열왕기서에서는 우상 숭배에 빠지는 왕들의 이야기를 계속 이어가고 있는데, 이는 반복적이고 지루하다(부분적으로는 우상 숭배 자체가 그런 성격을 띠기 때문이다). 그리고 위의 관점에서는 이처럼 많은 기적과 극적인 사건들이 그 두 인물의 삶을 통해 일어난 **이유**에 관한 질문 역시 제대로 담아 내지 못하고 있다. 오히려 기적들이 그들의 삶 속에 집중된 일과 열왕기서의 저자가 지닌 초점 모두를 적절히 설명해 주는 더 나은 대답은 이 본문들에서 우리가 또 한 번의 출애굽을 목격하고 있다는 것이다. 곧 엘리야는 새로운 모세였으며, 엘리사는 새로운 여호수아였던 것이다.

출애굽 이야기의 경우에 대개 그렇듯이, 이 본문은 하나님의 백성이 바로를 닮은 인물의 다스림 아래서 고통받는 모습과 함께 시작된다. 이 본문에서 바로의 역할을 감당하는 것은 네 왕과 한 왕비였다. 곧 오므리 왕조에 속했던 오므리와 아합, 아합의 아내 이세벨과 그들의 아들 아하시야와 여호람이 그 인물들이었다. 그들의 끔찍한 통치 아래서 이스라엘에는 우상 숭배가 널리 퍼졌으며, 여리고가 재건되었다. 또 의로운 이들이 핍박을 받았으며, 가나안의 이교 숭배가 다시 자리를 잡았다. 당시에는 가뭄과 기근이 그 땅을 강타했으며, 하나님의 말씀을 전하는 선지자들이 죽임을 당했다. 그리고 나봇은 그저 아합 왕이 빼앗기 원하는 땅의 소유주라는 이유로, 거짓 고발을 당한 뒤에 살해되었다. 우리는 특히 아합에 관해 이런 말씀을 듣게 된다. "그는 그 이전의 이스라엘의 모든 왕보다 심히 이스라엘 하나님 여호와를 노하시게 하였더라"(왕상 16:33). 그의 통치 시기에 어떤 이들이 활동했는지를 생각할 때 이는 엘리야와 엘리사에 관한 언급이다—옮긴이, 이 말씀은 분명히 우리에게 무언가를 말해 주고 있다. 곧 또 다른 신들의 전쟁을 위한 무대가 마련되고 있었던 것이다.

이때 엘리야가 무대에 등장한다. (이전에 모세와 아론이 이집트에 재앙들을 가져왔듯이) 그는 이스라엘 땅에 가뭄을 끌어들였는데, 그 가뭄은 징벌을 의미하기보다 주님이 참 하나님이시며 바알은 그렇지 않음을 보여주었다. 이런 의미에서, 3년간 지속된 그 가뭄은 이후 갈멜 산에서 벌어지게 될 최후의 결전을 그 온 땅에서 미리 보여주는 역할을 했다. 당시 이스라엘에서 아합과 이세벨이 섬겼던 바알 신과 아세라 여신은 비와 풍작을 가져다줄 수 있는 존재들로 간주되었다. 하지만 이 가뭄은 그 신들이 이 일에서 철저히 무능하다는 것을 드러내 보였다. 그들은 물 한 방울도 땅에 떨어지게 할 수 없었으며, 이는 그들이 이후 하늘로부터 불을 내리지 못했던 것과 마찬가지였다. (가나안 땅에서 엘리야가 비를 그치게 한 일이 앞서 아론이 나일 강을 피로 변하게 했던 일이나 모세가 태양을 어둡게 만든 일과 동등한 의미를 지니는 이유가 바로 여기에 있다.) 엘리야는 이스라엘 땅에 가뭄의 '재앙'을 끌어들인 뒤, 곧바로 그 땅을 떠났다. 그는 요단 강을 건너 동쪽으로 향했으며, 메마른 땅에서 물을 찾아냈다. 까마귀들을 통해 하늘로부터 기적적으로 떡과 고기를 공급받았고, 그 후에는 한 이방 여인에게 음식과 생명의 복을 전달하는 통로가 되었다. 이처럼 그의 이야기에서는 출애굽의 메아리들이 뚜렷이 드러나고 있다.

그다음에 이어지는 두 장 왕상 18-19장—옮긴이 의 내용은 두 개의 산 위에서 펼쳐지고 있다. 이 산들은 이전에 이스라엘 백성이 시내 산에서 하나님을 대면했던 사건들의 서로 다른 측면들을 상기시켜 준다. 먼저 갈멜 산은 하나님과 바알이 대결을 벌인 산으로 잘 알려져 있다. 이곳에서 이스라엘 백성은 오직 하나님만을 섬기라는 도전 앞에 직면하게 되었다. 이 산에 제단이 세워지고 살아 계신 하나님이 불 가운데서 강림하셨으며, 우상들은 거짓된 신임이 드러났다. 우상 숭배자들이 죽임을 당하고 그 백성은 하나님의 참되심을 고백했으며, 한 차례의 식사가 이루어졌다.[1] 한편, 호렙 산은 위로의 산이었다. 이곳에서 엘리야는 죽기를 바라면서 40일을 밤낮으로 아무것도 먹지 못했지만, 그곳에 임재하신 하나님과의

《 3악장: 출애굽의 되울림 》

직접적인 만남을 통해 위안을 얻었다. 그는 백성을 이끌어 갈 새로운 자극과 믿음을 품고서 그곳을 떠나게 되었다. 과거에 있었던 그 백성의 위대한 출애굽 이야기에서, 시내 산(우리는 그 산의 이름이 '호렙'이기도 했음을 기억해야 한다)은 이 두 산의 기능을 모두 감당했던 바 있다. 당시 그 산은 심판과 복의 장소이자 대결과 위로의 장소였다. 갈멜 산과 호렙 산에서 벌어진 일들 사이에는 하늘에서 먹구름이 내려오며 병거에 탄 왕(아합/바로)이 폭풍우를 피하기 위해 달려가는 이야기가 언급되는데, 이 이야기 역시 출애굽의 의미를 지닌다. 곧 하나님의 사람(엘리야/모세)이 그분의 손으로 이끌림을 받아서 그 왕보다 앞서 나아갔던 것이다. 그리고 마침내는 아합 역시 바로와 마찬가지로 자신의 병거 위에서 목숨을 잃었으며, 그 병거는 물속에 잠기고 말았다(왕상 22:38).

우리는 이 지점에서 그들의 뒤를 이을 선지자들과 첫 대면을 하게 된다. 여호수아와 엘리사가 바로 그들이다. 이 두 사람은 이름이 서로 유사한데, 이는 하나님이 그들을 통해 행하실 구원의 일을 강조한다. '여호수아'는 '주님이 구원하신다'는 뜻이며, '엘리사'는 '하나님이 구원하신다'는 뜻이다. 이 두 사람은 모두 얼마 동안 자신보다 나이가 많은 지도자 밑에 있었으며, 그 후에는 요단 강 동편에서 자신들의 임무를 부여받았다. 또 이 두 사람은 모두 자신들의 스승을 본받아 기적적으로 강을 건넘으로써 지도자로서의 사역을 시작하게 되었다. 이 두 사람은 모두 자기 스승의 신체가 있는 장소에 관해 답을 찾기 어려운 상황에 곧 직면하게 되었다. 또한 모두 주님을 위해 이스라엘 땅을 취하도록 부르심을 받았으며, 그 일은 여리고에서부터 시작되었다. 모두 적국에 속한 이(가나안의 기생 라합과 시리아의 나환자였던 나아만)에게 특별한 친절을 베풀었으며, 물건을 훔친 이스라엘 백성(아간과 게하시)에게 심판을 선포했다. 이 두 사람은 모두 기적적인 방식으로 이방의 군대들을 물리쳤다.

그러나 모세와 여호수아, 그리고 엘리야와 엘리사 사이에 있었던 가장 기이한 공통점은 그들의 출애굽 이야기가 온전한 끝을 맺지 못했다는 데 있다. 모세는 이스라엘 백성을 인도하여 이집트 바깥으로 나왔지만, 약속의 땅에 들어가지 못한 채 숨을 거두었다. 여호수아는 그 백성을 약속의 땅으로 인도해 갔지만, 그 백성의 우상 숭배와 죄에 대한 투쟁이나 그 땅의 정복은 불완전한 상태로 남겨졌다. 한편, 엘리야와 엘리사는 예후와 시리아의 왕에게서 도움을 얻어 바로의 집을 닮은 오므리 왕조와 대결하고 마침내 무너뜨렸다. 하지만 이스라엘 백성은 오래지 않아 다시금 우상 숭배와 사악한 죄에 빠졌으며, 100년 후에는 결국 그 땅에서 추방되고 말았다. 이처럼 기적적으로 물과 음식을 공급하며 병을 치유하고 생명을 되살리는 그 모든 일이 이루어진 뒤에도, 그들의 사역이 지향하는 궁극적인 목표였던 이스라엘의 회복은 여전히 성취되지 않은 채로 남아 있었다.

그 회복이 이루어지려면 또 다른 한 쌍의 선지자가 나타나야만 했다. 그중 첫 번째 선지자는 모세나 엘리야와 마찬가지로 광야의 사람으로서, 백성들에게 회개를 촉구하며 그 나라의 사악한 통치자와 대결했다. 그리고 두 번째 선지자는 여호수아나 엘리사와 마찬가지로 요단 강에서 하나님이 주시는 사명을 받았으며, 이적을 행하고 창녀들과 적국에 속한 군인들을 환대해 주셨다. 그분은 나환자들을 고치고 백성들에게 기적적으로 음식을 공급해 주셨으며, 하나님의 뜻을 거역하는 도시들을 향해 심판을 선포하며 죽은 자들을 소생시키셨다. 그리고 여호수아나 엘리사의 경우와 마찬가지로, 그분의 이름 자체에 구원의 의미가 있었다. 그 이름은 **예수**_Yeshua_, 곧 '주님이 구원하신다'라는 뜻이다. 그런데 여호수아나 엘리사의 경우와는 다르게, 그분은 이스라엘 백성이 필요로 하는 그 위대한 구원을 실제로 가져올 능력이 있었다. 그러므로 천사는 앞서 요셉에게 이렇게 선포했던 것이다. "[그분의] 이름을 예수라 하라. 이는 그가 자기 백성을 그들의 죄에서 구원할 자이심이라"(마 1:21).

≪ 복습을 위한 질문 ≫

1. 모세와 여호수아의 관계는 엘리야와 엘리사의 관계를 이해하는 데 어떤 도움을 주는가?

2. 출애굽의 내러티브는 호렙 산을 향했던 엘리야의 여정이 담고 있는 의미를 이해하는 데 어떤 도움을 주는가?

3. 아합은 어떤 면에서 바로와 유사한가?

≫ 생각을 위한 질문 ≫

1. 아합 왕은 나봇의 포도원을 채소밭으로 만들기 원했다. 이 일은 어떤 점에서 중요한 의미가 있는가?(신 11:10, 시 80:8)

2. 성경의 기적들이 엘리야와 엘리사의 이야기같이 한 역사의 특정 부분에 집중적으로 나타나고 다른 부분에는 잘 드러나지 않는 이유는 무엇일까?

3. 엘리사가 행한 기적들과 그리스도께서 행하신 기적들 사이의 유사점들을 언급해 보라. 엘리사와 그리스도를 여호수아와의 연관성 가운데서 이해하는 일은 그 두 인물이 행한 사역의 의미를 파악하는 데에 어떤 도움을 주는가?

16

하나님이 펴신 팔

【 이사야-말라기 】

사람들은 주로 다음의 세 가지 방식으로 자신들이 거둔 군사적인 승리를 기억하곤 한다. (다만 현대 세계에서는 그 가운데 앞의 두 가지 방식만을 따라가는 경향이 있다.) 첫 번째는 그 승리를 경축하며 향수하는 것이다. '우리는 승리했고 저들은 패배했지. 우리는 위대하지만, 저들은 그렇지가 않아. 저들은 하찮은 자들이지.' 그런 감정이 하찮은 것이든 아니든 간에, 이런 종류의 기억은 셰익스피어의 희곡 「헨리 5세」나 차이콥스키의 「1812년 서곡」, 프랑스의 개선문과 영국의 트라팔가르 광장, 미국 독립 기념일의 폭죽놀이와 미국 국가 The Star Spangled Banner에 나타나 있다. 그리고 두 번째 방식은 후회나 탄식 속에서 그 승리를 기억하는 일이다. '그래, 우리는 싸움에서 이겼어. 하지만 그 일을 위해 너무 참담한 대가를 치러야만 했지. 그런 일이 다시 있어서는 안 돼.' 이 같은 회상은 추모의 벽이나 양귀비^{1차 세계대전 희생자를 추모하는 상징물—옮긴이}, 「불운한 젊은이들을 위한 송가」^{1차 세계대전에서 전사한 군인들을 기린 윌프레드 오언의 시—옮긴이}, "잊지 않도록"lest we forget 이라는 어구^{영어권 국가들의 전쟁 추모식에서 흔히 쓰인다—옮긴이}, 전쟁 묘역과 묵념의 시간 등을 통해 이루어지곤 한다. 위의 이 두 가지 방식에는, 그 목적이 교훈을 얻기 위함이든 다른 이들의 희생을 기리기 위함이든 국가적인 승리를 소중히 간직하기 위함이든 간에 과거를 돌아보면서 되새기는 일이 포함되어 있다.

하지만 사람들이 승리를 기억하는 데에는 세 번째 방식이 존재하는데, 이스라엘 백성이 자신들의 출애굽을 회상할 때 따라야 했던 그 방식이었다. 그 백성이 행한 우상 숭배에 대한 심판으로 남 왕국과 북 왕국이 무너지고 그들의 추방이 다가올 때, 선지자들은 계속 그들에게 이전의 출애굽 사건을 기억할 것을 촉구했다. 선지자들의 의도는 과거의 황금기에 대한 향수를 불러일으키려는 데 있지 않았으며, 그때의 비극을 애도하려는 것은 더더욱 아니었다. 오히려 그들은 이스라엘 백성에게 미래를 향한 소망을 심어 주려 했다. 그 백성이 경배하는 분은 출애굽의 하나님이셨다. 그분은 침묵하고 계신 것처럼 보일지 모르지만 자기 백성의 부르짖음을 들으시며, 강한 손과 펴신 팔로 그들을 포로 상태에서 해방시키기 위해 은밀히 준비하시는 하나님이셨다. 그렇기에 모든 일이 끝난 것처럼 보일 때에도 희망은 여전히 남아 있었다. 이는 출애굽의 하나님이 살아 계시며, 마침내는 그 백성을 속량해 주실 것이었기 때문이다. 아마도 우리는 그 절망에 빠진 백성들을 향해 찰턴 헤스턴 영화「십계」에서 모세 역할을 맡았던 배우—옮긴이이 다음과 같이 엄숙하게 일깨우는 모습을 상상해 볼 수 있을 것이다. "그 일 하나님이 행하시는 구원—옮긴이은 이전에 이루어졌던 바 있으며, 앞으로도 다시금 이루어지게 될 것입니다. 우리 앞에 놓인 유일한 질문은 그 일이 언제 일어날 것인지에 관한 것일 뿐입니다."

이른바 소선지서의 예언자들은 계속해서 이스라엘 백성의 과거, 특히 이전의 출애굽 사건을 가리켜 보임으로써 그 백성이 눈을 들어 미래를 바라볼 수 있도록 인도해 갔다. 호세아서의 전환점이 되는 부분에서는 그 백성이 음란한 우상 숭배를 했음에도 불구하고 하나님이 그들을 향한 사랑과 긍휼의 마음을 쏟아내시는데, 그 본문에는 출애굽의 이미지들이 가득 담겨 있다. "내가……내 아들을 애굽에서 불러냈거늘", "그들 앞에 먹을 것을 두었노라", "내가 에브라임에게 걸음을 가르치고", "그들은 애굽에서부터 새같이……떨며 오리니 내가 그들을 그들의 집에 머물게 하리라"(호 11:1-11). 그리고 요엘은 미래에 이집트가 황폐해지며 이스라엘은 번영을 누리게 될 것을 경축했다. 또 요나는 하나님이 출애굽의 방식으로 베푸시는 자비에 관해 상당한 지식을 지니고 있었으며, 그 자신이 깊은 물속으로 들어갔다가 다시 나오는 여정을 경험한 상태였다. 그런데 그는 주님이 니느웨 사람들을 용서해 주신 것에 관해 심한 좌절감을 느꼈으며, 이에 하나님이 시내 산에서 모세에게 계시해 주셨던 바로 그 어구들을 가지고서 자신의 감정을 표현했다. "그러므로 내가 빨리 다시스로 도망하였사오니 주께서는 은혜로우시며 자비로우시며 노하기를 더디하시며 인애가 크[신]······하나님이신 줄을 내가 알았음이니이다"(욘 4:2). 또 미가는 이와 동일한 본문을 언급하면서, 이전의 출애굽 사건과 더불어 당시에 모세와 아론, 미리암이 그 백성을 이끌었던 일, 그리고 그분의 백성이 모압 왕 발락에게 위협을 당할 때 "여호와가 공의롭게" 행하셨던 일에 근거해서 이스라엘 백성에게 자신의 메시지를 호소하고 있다(미 6:3-5; 7:15, 18-19). 하박국 3장에는 출애굽 사건에 대한 하나의 확장된 묵상이 담겨 있다. 또한 스가랴는 과거에 이스라엘 백성이 홍해를 건넜던 일에서 직접적으로 유래한 어법을 써서 그 백성이 다시 회복되리라는 약속을 전했다(슥 10:8-12). 곧 그 구원의 일은 이전에 이미 나타난 바 있었으며, 장래에 다시 이루어지게 될 것이었다.

　대선지서의 예언자들이 남긴 글들 역시 출애굽적인 성격을 띠고 있다. 다만 그들의 글은 좀 더 분량이 길 뿐이다. 예레미야는 자신의 사역 기간 내내, 유다의 백성들에게 그들이 낯선 땅으로 사로잡혀 가게 될 것임을 경고하는 일에 시간을 쏟았다. 그 백성들은 낯선 땅에 오랫동안 정착해 살아야만 했으며, 마침내 주님이 자신들을 구출해 주실 때를 기다려야 했다. 그에 따르면, 이 구출은 실로 극적인 성격을 지녔다. 그러므로 그 백성은 더 이상 과거에 이스라엘을 이집트 바깥으로 인도해 내셨던 하나님의 이름으로 맹세하는 것이 아니라, 자신들을 포로 생활에서 건져 내신 그

분의 이름으로 서약하게 되어 있었던 것이다(렘 16:14-15). 이뿐
아니라 하나님이 그들과 맺으실 언약 역시 과거에 이스라엘 백성
이 깨뜨렸던 출애굽의 언약과 같은 것이 되지 않고, 하나의 새로
운 언약이 되도록 예비되어 있었다. 하나님은 이 언약에 관해 다
음과 같이 말씀하셨다. "내가 나의 법을 그들의 속에 두며 그들의
마음에 기록하여"(31:33). 바벨론 제국의 내부에서 선지자로 사역
했던 다니엘은 그 자신이 일종의 요셉과도 같은 인물이었다. 곧 그
는 도덕적인 타협을 거부하고 왕의 꿈들을 해석하며 유익한 조언
들을 제공함으로써 영향력을 행사한 지혜로운 사람이었던 것이
다. 그리하여 그 왕이 마침내 이스라엘의 하나님께 경배하게 될 정
도였다. 하지만 출애굽 당시의 이스라엘 백성과 마찬가지로, 다니
엘은 새로운 왕에게 통치권이 넘어가는 것을 보게 되었다. 그 왕은
하나님을 알지 못하는 자였으며, 그 자신의 우상 숭배로 인해 하나
님의 심판에 직면하게 되었다(단 1-5장).

이 같은 출애굽의 주제는 에스겔의 사역 가운데서 더욱 뚜렷
이 드러나고 있다.[1] 이전의 모세와 마찬가지로, 그는 불 가운데서
나타나시는 하나님에 관한 극적인 이상을 자신이 전혀 예기치 못
했던 장소에서 체험하게 되었다(겔 1장). 그는 이방의 포로로 사로
잡힌 자신의 백성들에게 가서 하나님의 말씀을 전했다(3장). 그는
레위 지파에 속한 선지자였으며, 하나님을 거역하는 우상 숭배자
들에게 징조와 재앙을 선포하도록 보냄을 받았다(4-6장). 이 일은
하나의 유월절 사건으로 이어졌다(9장). 또 모세와 마찬가지로,

에스겔은 근본적으로 하나님의 임재 안에 있는 선지자였다. 그러므로 그는 하나님께서 치히 일하시며 그분의 백성이 어디를 가든지 그들과 함께하시는 모습을 바라볼 수 있었다(1, 10, 48장). 그리고 모세와 마찬가지로, 에스겔은 하나님이 주시는 합당한 예배에 대한 가르침을 받았다. 에스겔서의 내용은 높은 산 위에서 마무리되는데, 에스겔은 이곳에서 율법과 절기들에 관한 지침을 부여받는 동시에 성전과 도성, 그리고 이스라엘 온 땅의 배치도를 두루 살피게 되었다(40-48장). 또한 에스겔서의 주요한 세 가지 부분들 역시 출애굽의 성격을 띠고 있다. 그중 첫 번째 것(1-24장)은 에스겔이 이스라엘에 대한 심판을 선포하는 부분인데, 그는 여기서 출애굽의 이야기를 중심 요점으로 삼으면서 그 백성의 우상 숭배를 맹렬히 책망하고 있다(16, 20, 23장). 그리고 두 번째 부분(25-32장)에서 에스겔은 그 주변 나라들에 대한 심판을 선포하는데, 그는 여기서 이집트와 바로에 관해 논하는 데에 가장 긴 단락을 할애한다(29-32장). 그리고 에스겔서의 세 번째 부분(33-48장)은 주님이 이스라엘을 위해 행하실 은혜의 일들을 중심으로 전개된다. 곧 주님이 장차 그 백성을 포로 생활에서 건져 내시고 우상 숭배로부터 정결하게 만드시며, 그들에게 새 마음을 주시고 그 백성을 다시금 그들 자신의 땅으로 인도하실 때가 임한다는 것이다. 그러고는 그들 안에 그분의 영을 충만히 부어 주시리라는 것이 에스겔의 예언이었다(36-37장). 이처럼 에스겔서에서는 다른 어느 선지서들만큼이나 출애굽의 메아리들이 크고 선명하게 울려 퍼지고 있다. 다만 그 메아리가 에스겔서보다 더욱 뚜렷이 나타나는 선지서가 있다면, 그것은 바로 이사야서이다.

이사야서의 아름답고 풍성한 예언 속에는 출애굽의 성격을 띤 극적인 삼중 구출에 관한 말씀이 담겨 있다. 이사야는 먼저 그 백성이 앗수르에게서 건짐 받을 일에 관한 약속의 말씀을 전하고, 그런 다음 바벨론에게서 속량받을 일에 관한 약속을 선포하며, 마침내 죄 자체로부터 구속받게 될 일을 약속하고 있다. 이 약속의 말씀들은 이전에 있었던 이스라엘 백성의 출애굽 사건을 상기시키면서도, 그 성격을 완전히 역전시키는 방식으로 제시되고 있다. (만일 피아니스트들이 어떤 곡을 연주하는 동안에 양손을 서로 엇갈리게 하는 모습을 본 적이 있다면, 그가 손을 거꾸로 한 채로 동일한 음정들을 연주하는 소리를 듣는 것이 얼마나 특이한 경험인지를 알 것이다. 이제 우리가 보게 될 이사야 51-55장에서는 바로 그 일이 이루어지고 있다.)

이사야서 전반부에서 이스라엘 백성이 받게 되는 구원은 우리에게 친숙한 모습을 띤다. 이 부분에서는 바로를 닮은 인물인 앗수르의 왕이 등장하는데, 그는 자신이 주 하나님보다 더 강하다고 여기면서 그분의 백성인 이스라엘을 혹독하게 억압하려 든다. 하지만 (결국에 가서는) 그 왕이 하나님께서 자신의 목적들을 이루기 위해 사용하시는 도구였음이 드러나게 된다. 하나님이 불 가운데서 강림하실 것이며, 앗수르인들이 먼저는 재앙으로 징벌을 당하고 그 후에는 단 하루 만에 진멸될 것이라는 약속이 주어지며, 이스라엘 백성은 구출을 받아 자신들의 땅으로 돌아오게 되리라는 약속과 그들이 두 갈래로 나뉜 강 사이의 마른 땅을 건너 돌아오며 강의 건너편에서 출애굽기 15장의 노래를 부르게 되리라는 약속이 선포된다(사 10-12장). 또 하나님을 불신하는 성읍들에는 비극이, 바다의 용에게는 심판이 임하게 되리라는 것이 보증되며, 한편 하나님의 백성들은 이집트에서 돌아와 그분의 산에 오르며 그분과 함께 먹고 마시게 되리라는 약속이 제시된다(24-27장). 그래서 이사야서 본문에서 앗수르의 왕 산헤립을 대면할 때, 우리는 앞으로 벌어질 일을 이미 알고 있게 된다. 우리는 본문에서 그 왕이 하나님의 백성들을 위협하고 모욕하면서 거짓된 약속들을 제시하는 모습을 보게 된다. 이에 유다 왕 히스기야는 만군의 하나님 앞에 간절한 기도를 드렸다. 그러고 나서 하나님이 약속하셨던 일이 이루어졌다. 주님의 천사가 한밤중에 앗수르의 진영에 임했으며, 무수히 많은 자들을 쳐서 진멸했다. 그리하여 당시 세계 최강이었던 제국이 하룻밤 사이에 그 신들과 함께 패배하고 말았다. 그리고 이스라엘 백성이 다음 날 아침에 잠에서 깨었을 때, 그들은 손가락 하나 움직이지 않고도 그 놀라운 구원이 성취된 일을 보게 되었다(36-37장). 이처럼 출애굽의 하나님은 여전히 살아 계셨으며, 그분의 백성들은 다시금 자유를 얻었다.

하지만 그 상태가 오래 지속되지는 않았다. 그로부터 불과 한 세기가 지난 뒤, 바벨론 제국이 다시금 이전의 이집트와 같은 역할을 하도록 되어 있었다. 유다는 이방 세력의 포로가 되어 낯선 땅으로 추방되며, 그곳의 신들에게 둘러싸이게 될 것이다. 그러므

《 3악장: 출애굽의 되울림 》

로 그 백성은 또 한 번의 출애굽이 요구되는 상황 가운데 있었다. 이는 곧 하나님이 자신의 백성들을 노예 생활에서 속량하고 우상들의 무력함을 드러내시며, 감옥에 갇힌 이들을 해방하시는 출애굽이었던 것이다. 이때 하나님은 강들을 마르게 만드시고 바다 가운데로 길을 내시며, 광야의 바위에서 물이 솟아나게 하셔서 목마른 이들에게 공급해 주실 터였다. 그리하여 이스라엘 백성은 기쁨 가운데서 바벨론을 벗어나면서, "여호와께서 그의 종 야곱을 구속하셨다!"라고 선포하게 되어 있었다(사 48:20, 40-48장 참조). 이처럼 바벨론 제국과 그 신들은 완전히 실패하며, 이스라엘 백성은 다시금 자유를 얻도록 되어 있었다.

하지만 이 자유조차도 오래 지속되는 것은 아니었다. 그리고 바로 이 지점에서, 이사야는 장차 이루어질 출애굽의 성격을 완전히 역전시키고 있다. 곧 그는 여기서 양손을 엇갈리게 한 채로 동일한 음을 연주하는 것이다. 이 부분에서 우리는 유다가 지닌 문제가 단순히 신체적인 속박보다 더 깊은 수준에 있으며, 이를 해소하는 것은 강대국의 군대를 물리치는 것보다 더욱 힘겨운 일임을 보게 된다. 곧 그 백성들은 바로 죄 그 자체에 예속되어 있었던 것이다. 그들의 악한 마음과 불신앙, 그리고 우상 숭배로 되돌아가려는 성향은 그들이 하나님의 손길로 거듭 구출을 받은 뒤에도 여전히 남아 있었다. 이같이 죄에 속박된 상태에서 그 백성은 하나님이 자신들을 잊으셨다고 생각하려는 태도를 보였다. 하지만 과거 이스라엘이 이집트에서 압제를 당했던 때와 마찬가지로, 주님은 그들을 기억하고 계셨다. 그분은 이렇게 말씀하셨다. "여인이 어찌 그 젖 먹는 자식을 잊겠으며 자기 태에서 난 아들을 긍휼히 여기지 않겠느냐? 그들은 혹시 잊을지라도 나는 너를 잊지 아니할 것이라. 내가 너를 내 손바닥에 새겼고"(사 49:15-16). 그리고 이 부분에는 출애굽의 이미지들이 풍성하게 제시되고 있다. "여호와의 팔이여 깨소서.……라합을 저미시고 용을 찌르신 이가 어찌 주가 아니시며 바다를, 넓고 깊은 물을 말리시고 바다 깊은 곳에 길을 내어 구속받은 자들을 건너게 하신 이가 어찌 주가 아니시니이까?"(사 51:9-10) 여기서 우리는 하나님이 새로운 구원의 일을 행하실 것을 기대하게 된다. 이는 단지 최근에 그 백성을 침략해 온 이들로부터의 일시적인 구출이 아니라, 단번에 이루어진 영원한 구원이었던 것이다(49-51장).

이제는 우리도 알듯이, 주님의 팔에는 힘과 능력, 심지어는 물리적인 강제력이 있다. 주님은 그분의 강한 손과 펴신 팔로써 우박이 땅 위에 비처럼 쏟아지게 하시며, 친히 바다를 둘로 가르셨다. 그러므로 유다의 백성들이 속량될 일을 이사야가 송축할 때, 우리는 "여호와께서 열방의 목전에서 그의 거룩한 팔을 나타내[심으로써]" 그 일이 이루어질 것이며 그분의 종이 "받들어 높이" 들리게 되리라는 그의 선포를 자연스러운 것으로 받아들이게 된다(사 52:10, 13). 곧 우리가 모두 기다려 온 최후의 결전이 마침내 임하는 것이다. 이때 우리는 그 무대의 배후에서 바그너가 작곡한 「발퀴레의 기행」오페라 '니벨룽의 반지' 가운데 포함된 악곡으로 특유의 웅장한 곡조로 유명하다—옮긴이이 울려 퍼질 것을 기대할 수 있다.

하지만 이때 무대 뒤의 관현악단은 계속 침묵을 지킨다. 그러고는 갑자기 공연장 안이 쥐 죽은 듯이 조용해진다. 트럼펫 같은 관악기 소리도 들리지 않고 현악기도 잠잠해지고, 오보에 연주자들은 살며시 악기를 바닥에 내려놓는다. 이때 우리가 듣게 되는 유일한 소리는 어떤 이의 애처로운 부르짖음뿐이다. 놀라서 무대 위를 바라보는 동안 우리는 그 부르짖는 소리가 한 아기가 놓인 구유나 그의 벗이 묻힌 무덤가, 언덕 위의 동산, 심지어는 죄인이 달린 십자가 위에서 들려오는 것임을 알게 된다. 그것은 마른 땅에서 나온 뿌리 같은 이의 부르짖음인데, 그는 우리가 보기에 흠모할 만한 아름다움을 지니지 못하고, 사람들에게 멸시와 버림을 받았으며, 비통함에 익숙해진 슬픔의 사람이었던 것이다(사 53:2-3). 여기서 우리는 주님의 팔이 실제로 우리 앞에 나타날 때 어떤 모습인지를 배우게 된다. 그분은 우리의 질고를 짊어지고 우리의 슬픔을 감당하시며, 우리의 허물과 죄악 때문에 상함과 찔림을 겪으시는 분이었던 것이다(사 53:5). 이스라엘 백성은 이와 같은 그분의 희생을 통해 의로운 자들로 여겨지도록 되어 있었다. 그리고 자녀를 낳지 못했던 여인들이 기쁨의 노래를 부르게 되는 이유도, 모든 나라로부터 찾아온 목마른 자들이 예루살렘에서 값없이 연회에 참여하게 되는 이유도 바로 여기에 있었던 것이다(53-55장).

우리는 새로운 출애굽이 그런 모습으로 나타나리라고는 전혀 생각하지 못했다. 지금까지는 하나님이 대적들에게 내리신 재앙이나 바다 속으로 내던져진 병거들 가운데서 그분이 행하시는 일들을 찾는 데 마음을 쏟아 왔기 때문이다. 그렇기에 우리는 바구니에 담겨 강 아래쪽으로 떠내려가는 한 아기의 모습 속에서나 문기둥에 발라진 어린 양의 피, 그 백성의 죄를 제거하기 위해 죽음과 추방을 겪어야만 했던 두 마리의 염소 가운데서 나타난 그분의 행하심을 미처 헤아리지 못했던 것이다. 출애굽의 하나님은 지금도 "받들어 높이 들려" 계시며, 그분은 여전히 자신의 강한 손과 펴신 팔로써 우리를 구속하신다. 다만 이제 그분은 십자가에 높이 달리신 모습으로 나타나셨으며, 그 위에서 우리를 향해 자신의 팔을 벌리고 계시는 것이다. 그리고 그분의 강한 손바닥에는 굵은 못이 박혀 있다. 그렇기에 이사야는 이 말씀을 전하면서, 그 자신도 누구 못지않게 놀라고 당황하는 모습을 보였던 것이다. "우리가 전한 것을 누가 믿었느냐? 여호와의 팔이 누구에게 나타났느냐?"(사 53:1) 이 말씀을 듣고서 진정으로 깨닫게 될 이들은 누구일까?

1. 출애굽은 어떤 면에서 소망의 원천이 되는가? 구약의 선지자들이 그 사건을 이런 식으로 언급한 몇 가지 사례를 제시해 보라.

2. 출애굽 사건은 어떤 면에서 장차 주어질 새 언약의 배경을 이루는가?

3. 에스겔은 어떤 면에서 새로운 모세와 같은가?

≫ 생각을 위한 질문 ≫

1. 구약의 선지자들이 출애굽 이야기를 활용한 방식은 성경의 '비유적인' 독법이나 '음악적인' 읽기에 어떤 영향을 끼치는가?

2. 이사야는 출애굽 사건을 창조의 주제들과 어떻게 연관 짓고 있는가?(사 51:12-16; 63:11-14)

3. 구약의 선지자들은 출애굽을 성취하는 일에서 성령님이 행하시는 역할을 어떻게 드러내고 있는가?

부림절과 정결

〖 에스라-에스더 〗

여러 측면에서, 구약 시대의 마지막을 다루는 역사서들은 서로 전혀 다른 특징을 지니고 있다. (히브리 성경에서는 모두 하나의 두루마리에 기록되어 있었던) 에스라-느헤미야서는 우리가 보기에 한 나라의 자세한 역사책, 심지어 다소 자질구레하기까지 한 역사책처럼 읽히는데, 그 안에 여러 가지 목록과 이름, 숫자와 공문서, 건축계획들이 가득 담겨 있기 때문이다. 그 책들은 이스라엘 땅을 배경 삼아 전개되고, 전적으로 남자들에 관한 이야기이며, 하나님을 경배하는 일에 초점을 두었고, 주로 유머 감각이 없는 것이 특징이다(이는 다만 느헤미야가 다음과 같이 무미건조하게 언급하는 부분을 제외할 경우에 그러하다. "내가……그들 중 몇 사람을 때리고 그들의 머리털을 뽑고", 느 13:25). 그리고 이스라엘 백성이 계속해서 이방

《 3악장: 출애굽의 되울림 》

여인들과 혼인함에 따라, 이 책들의 내용은 실망으로 끝을 맺게 된다. 반면에 에스더서는 영웅적인 주인공들과 익살스러운 악당들이 등장하여 극적인 아이러니와 인과응보의 모습이 드러나는 흥미진진한 이야기이다. 페르시아를 배경으로 삼아 펼쳐지며 내용 중에 하나님이 구체적으로 언급되지는 않는다. 에스더서는 아름답고 용감한 한 여성을 중심으로 전개되다가 마침내 그녀의 승리로 끝이 난다. 또 이 책은 한 편의 익살스러운 무언극처럼 읽힌다. 어여쁜 아가씨와 천박한 왕, 무대에 오를 때마다 야유를 받는 악한 총리, 더불어 영국 무언극의 유명 인물인 버턴스Buttons 역할로 모르드개가 등장한다. 에스라-느헤미야서는 예루살렘 성벽이 완공되는 데에서 절정에 이르지만, 에스더서는 한밤중에 긴박한 대립이 벌어지고 주인공의 대적이 스스로 판 함정에 빠져 주인공이 속한 민족 전체가 학살로부터 건짐을 받는 데에서 절정에 이른다. 이처럼 에스라-느헤미야서와 에스더서는 서로 전혀 다른 특징을 지니고 있다.

그런데 이 서로 다른 역사서들은 적어도 한 가지 공통점이 있는데, 바로 출애굽의 메아리가 담겨 있다는 점이다. 이 책들을 전부 합쳐서 살펴보면, 이스라엘 백성이 격렬한 핍박에 맞서 온갖 어려움을 겪으면서 이방의 압제자들과 그 신들로부터 극적으로 풀려나는 이야기와 더불어 그 백성이 길을 떠나 주님께 경배하고 그분의 율법들을 지키며 마침내 그분의 땅에 들어가는 이야기를 들려준다. 이 중에서 연대적으로 빠른 에스더서의 이야기는 출애굽기의 전반부와 더 많은 공통점이 있으며, 에스라-느헤미야서는 출애굽기 후반부와 좀 더 많은 공통점이 있다. 하지만 이 각각의 책들은 모두 하나님이 가져오신 위대한 구원과 더불어 이스라엘 백성이 그 구원의 일에 대해 신실하게 응답해야 할 필요성에 우리의 관심을 집중시킨다.

에스더서는 지금쯤 우리에게 이미 친숙해졌을 방식으로 그이야기가 시작된다. 이 이야기에서, 이스라엘 백성은 이방 제국의 통치 아래 놓여 있다(페르시아/이집트). 그리고 이전의 한 왕이 그들에게 호의를 보였으며(고레스/바로), 심지어는 그 백성이 거주할 땅을 내려 주기까지 했다(수산/고센). 부분적으로 이 일은 왕의 꿈들을 해석하는 일에 탁월한 통찰력을 발휘했던 한 젊은이의 지혜를 통해 이루어졌다(다니엘/요셉). 그러나 이제 우리는 새로운 왕이 즉위했다는 소식을 듣게 되는데(아하수에로/바로), 그는 불경건하고 교만하며 어리석은 자였다. 에스더서 2장에서 우리는 하나님이 그분의 백성을 위기에서 건져 내는 데 쓰실 인물을 대면하게 된다(에스더/모세). 그녀는 젊고 아름다운 여성으로서, 자신의 친족(모르드개/미리암)이 발휘한 지혜를 통해 왕가의 일원이 되었다. 우리는 이런 흐름을 앞에서도 이미 접해 본 바 있다.

그다음 장에서 우리는 하나의 뱀 같은 인물인 아각 사람 하만을 접하게 된다. 그가 아각 사람이었다는 점은 뭔가 시사하는 바가 있다. 아각 사람들은 아말렉 족속에 속한 아각의 후손으로, 아각은 사울이 진멸하도록 하나님께 명령을 받은 그 왕이었던 것이다(삼상 15장). 이는 이전에 이스라엘 백성이 이집트를 빠져나왔을 때 아말렉 족속이 그들을 핍박했기 때문이었다. 이스라엘 자손의 관점에서 볼 때, 어떤 이가 아각 사람이라는 것은 곧 그가 자신들의 원수임을 의미했다. 따라서 우리는 하만이 모르드개를 향해 격분하면서 모든 유대인을 멸절시키려 하는 모습을 접할 때에도 그다지 놀라지 않게 된다. 시기에서 증오를 거쳐 종족 학살의 시도로 이어지는 이 움직임은 이집트의 바로에게서 시작된 것이었다. 그 움직임은 인류의 역사 속에서 하만을 거쳐 헤롯과 히틀러에 이르기까지 비극적으로 재현되어 왔다.

출애굽의 관점에서 에스더서를 읽어 갈 때, 우리는 단순히 이스라엘 백성을 핍박하고 멸절하려 하는 자들이 있을 것임을 헤아리는 데 머물지 않게 된다. 이때 우리는 그 시도가 결국 실패하고 말리라는 점 역시 내다보게 된다. 그뿐 아니라, 우리는 그 실패가 **어떤 식으로** 이루어질 것인지도 예상할 수 있다. 곧 그 이야기에서는 그 뱀 같은 존재가 의인들의 기민한 지혜를 통해 속임을 당하게 되는 것이다. (실제로 사건들이 하나의 희극처럼 전개됨에 따라, 하만은 자신의 대적인 모르드개에게 공개적으로 영예를 돌려야 하는 처지에 놓이고, 왕비 에스더의 슬기에 압도되어 패배를 당했던 것이다.) 그리고 이 일 가운데는 사건의 형세가 역전되어 이스라엘을 대적하던 자가 마땅한 보응을 받게 되는 것 역시 포함된다. 이전에 이스라엘 자손의 남자아이들을 물에 빠뜨려 죽이려고 했던 이집트인들 자신이 수장되었던 것과 마찬가지로, 유대인들을 매달아 죽이려고 준비했던 나무에 하만 자신이 달리게 되었다. 그 이야기의 전환점은 한밤중에 이루어진 왕궁의 식사를 통해 찾아왔다. 곧 이 식사를 통해, 유월절 전날에 공표되었던 죽음의 심판(에 3:12)이 이스라엘 백성에게서 그들의 대적들에게로 옮겨졌던 것이다(7:1-10). 이때 이스라엘 백성은 자신들을 죽이려 했던 그 대적들에게서 풍성한 전리품을 얻었으며(9:1-10), 그 땅에서 안정된 삶을 누리게 되었다. 그리고 그 백성들은 이후로 하나의 절기와 축일을 정해서 이 모든 일을 기념했다(9:23-28). 이처럼 우리는 에스더서의 모든 부분에서 출애굽의 메아리들을 찾아볼 수 있다.

에스더서의 이야기에는 출애굽과 관련해 살펴볼 가치가 있는 측면이 한 가지 더 담겨 있다. (이것은 그 백성이 과거에 경험한 출애굽 사건보다는 미래에 있게 될 또 다른 출애굽과 더 깊은 연관성이 있다.) 유월절 직전에 공표된 칙령, 곧 에스더가 속한 그 백성이 멸절되리라는 칙령을 듣고서 그녀는 유대인들에게 자신을 위해 사흘 밤낮으로 금식하며 기도해 줄 것을 요청했다(에 4:16). 이 기도의 기간이 끝난 후 에스더는 왕 앞에 나아가서 과연 왕이 홀을 그녀에게 내밀고 소원을 들어줄지 알아보게 될 것이었다. 에스더가 모르드개에게 언급했듯이, 만일 그 왕이 홀을 내밀지 않고 소원을 들어주지 않는다면 그녀의 목숨은 끝난 것이나 다름없었다(4:11). 그 사흘째 되는 날, 에스더는 왕 앞에서 은총을 입었고 마치 죽음 가운데서 다시 살아난 이처럼 일으킴을 받았다. 그녀가 구하는 것은 무엇이든 주겠다는 왕의 약속을 받은 것이다(5:1-3). 이때 에스더는 왕에게 그녀가 속한 백성들의 생명을 건져 줄 것을 구했다. 그리고 우리가 이미 아는 바와 같이, 기도와 죽음, 그 사흘째 되는 날의 다시 살아남과 한 백성이 구속을 받는 일로 이루어진 이 놀라운 사건의 흐름은 이후에 다시 나타나게 되어 있었다.

에스라-느헤미야서에 기록된 대부분의 사건들은 이로부터 한 세대 이후에 일어났으며, 이 사건들은 에스더서의 이야기와는 다소 다른 방식으로 출애굽을 상기시키고 있다. 에스라서와 느헤미야서는 모두 당시의 이스라엘 백성이 페르시아의 왕에게서 그들 자신의 땅으로 돌아가도 좋다는 허락을 받은 이야기와 함께 시작된다. 어떤 의미에서 우리는, 출애굽 이야기의 중간 부분부터 시작해서 그 이야기를 읽어 나가게 되는 셈이다. (다만 여기서는 고레스와 아닥사스다 왕 모두 이집트의 바로보다는 훨씬 더 기꺼운 마음으로 그 일을 허락했다는 점을 염두에 두어야 할 것이다![1]) 에스라서에서 우리는 이스라엘 백성이 성전을 위해 예물을 드리며 이방인들이 그 일에 동참한 일, 그 백성의 규모가 계수되고 모세의 예배가 재확립된 일, 또 성전이 완공되며 그 백성이 유월절을 기념한 일들을 읽게 된다. 이와 마찬가지로, 느헤미야서에서도 하나의 건축계획(이 경우에 그것은 예루살렘 성벽을 보수하는 일이었다)과 모세 언약에 속한 의무들에 초점을 맞추고 있다. 그리고 그 책의 절정 부분에서는 이전에 그 백성이 광야에서 행했던 것과 동일하게 초막절을 지킨 일에 관한 이야기를 언급하는 것이다. 이런 의미에서 살필 때, 이 두 책은 출애굽기의 후반부와 민수기에 담긴 것과 동일한 이야기를 우리에게 들려주고 있다.

또한 에스라서와 느헤미야서에는 당시의 사람들이 하나님의 뜻을 거슬렀던 일들에 관한 이야기가 가득 담겨 있으며, 이 점은 이스라엘 백성이 광야에서 방황할 때 있었던 일을 상기시켜 준다. 때로 이 일들은 하나님께 속한 그 백성의 내부에서 벌어졌는데, 그들이 언약을 신실하게 지키지 않거나 금지된 성관계를 행했기 때문이었다. 또 이 일들은 때로 그 백성의 바깥에서 생겨났는데, 이는 이스라엘 백성이 얻은 기회들을 좌절시키기 위해 그 땅의 족속들이 안간힘을 썼기 때문이다. 우리 중 대부분은, 민수기나 에스라-느헤미야서를 성경에서 가장 읽기 쉬운 부분으로 여기지는 않을 것이다. 하지만 그 책들은 하나님의 백성인 우리가 겪는 삶의 여정에 관해 놀라운 통찰을 보여주고 있다. 곧 신자들을 핍박하며 대적하는 이들(그들이 에돔이나 모압 족속, 암몬 족속 또는 다른 누구이든 간에) 때문에 겪는 명백한 곤경 외에도, 우리는 모두 환멸과 부도덕, 우상 숭배와 두려움이 가져오는 좀 더 미묘한 도전 앞에 직면하게 되는 것이다. 성경과 인류의 역사 가운데는 그들을 대적하는 강한 군대는 이겨 냈지만 자신들 앞에 놓인 성적 유혹이나 금송아지 숭배 때문에 허물어진 일을 보여주는 사례들이 가득하다.[2]

이같이 하나님의 뜻을 거스르는 일들에 맞서, 에스라는 새로운 모세의 역할을 감당했다. 그는 율법을 연구하고 준행하며 가르치는 일에 헌신되어 있었으며, 이스라엘 백성을 향해 하나님이 주신 언약을 지킬 것을 촉구했다. 하지만 그 백성이 이 일에 실패했을 때, 그는 하나님께 그들을 용서해 주시기를 기도했던 것이다. 그리고 느헤미야(느 9장에서 언급되는 출애굽에 관한 이야기는 성경 전체에서 가장 긴 것 중 하나이다)의 경우에는 비느하스를 상기시킨다. 그는 하나님의 율법을 향해 간절한 열심을 품었으며, 그분의 백성들이 이방 여인들과 통혼하는 것을 보았을 때 과감한 조치를 취했다. 다만 비느하스가 성관계 중에 있던 남녀를 창으로 찌른 일에 비하면, 느헤미야가 '그들 중 몇 사람을 때리고 그들의 머리털을 뽑은' 행동은 다소 온건한 것으로 보인다! 그러나 에스라-느헤미야서의 이야기는 다시금 실망으로 끝을 맺게 된다. 이때 이스라엘 백성은 외적으로 그 약속의 땅 가운데 있었지만, 그들에게 복과 유업을 허락하시며 그들의 삶을 새롭게 하시겠다는 하나님의 약속들은 아직 실현되지 않았던 것이다. 이 책들에 담긴 출애굽의 이야기는 앞서 신명기의 이야기가 마무리되었던 지점, 곧 모세가 이스라엘 백성을 경계하는 노래를 남긴 채 숨을 거두고 그 백성은 모압 평지에 머물렀던 때와 같은 지점에서 끝이 났다.

사실 이것은 우연한 일이 아니었다. 구약의 역사가 결말 부분에 이를 때, 우리는 여전히 새로운 여호수아를 기다리는 상태로 남게 된다. 그는 곧 이스라엘 백성을 인도하여 자신들의 유업을 온전히 상속받게 하고 그들의 땅을 정결케 하며, 그 백성의 대적들을 정복하게 될 이였다. 이는 그때에야 비로소 이스라엘의 포로 생활이 진정으로 끝이 나고 그들이 약속의 땅으로 완전히 귀환하며, 그들의 출애굽이 충만히 성취되도록 계획되어 있었기 때문이다.

≪ 복습을 위한 질문 ≫

1. 에스더서의 시작 부분은 어떤 점에서 출애굽기의 시작 부분을 상기시키는가?

2. 에스라와 모세의 유사점을 몇 가지 찾아보라.

3. 에스라와 느헤미야가 주로 씨름했던 문제들에는 어떤 것들이 있는가? 그 문제들을 모세와 그들 이전의 지도자들이 직면했던 일들과 비교하고 대조해 보라.

≫ 생각을 위한 질문 ≫

1. 어떤 이들은 에스더서 본문에 하나님의 이름이 명시적으로 언급되지 않는다고 해서 하나님이 그 이야기 속에 실제로 현존하시면서 활동하셨다는 사실을 의심하곤 한다. 성경의 음악적 읽기는 우리가 그런 이들의 의문에 답하는 데 어떤 도움을 줄 수 있겠는가?

2. 느헤미야 9장에 진술되는 이스라엘의 역사는 당시의 유대인들이 자신들의 상황을 출애굽과 연관 지어 이해했던 방식을 어떻게 드러내 주는가?

3. 느헤미야서의 결말 부분은 어떤 면에서 하나의 타락 이야기를 상기시켜 주는가? 그리고 이 관점은 이스라엘 백성의 가나안 땅 귀환에 대한 우리의 이해에 어떤 영향을 끼치는가?

4악장

Fourth Movement

위대한 구원

18

정점을 향하여

〖 마태복음-요한복음 〗

예수님의 생애는 하나의 출애굽 사건이었지만, 일반적인 사람들 눈에는 이 사실이 감추어져 있었다.

그 출애굽은 예수님의 탄생과 함께 시작되었다. 성탄절 이야기는 소박한 매력을 지니며, 우리는 종종 감상적인 태도로 그날을 기념한다. 그런데 바로 이 점 때문에, 성탄절 이야기를 잘 아는 이들까지도 그 속에서 은은하게 울리는 출애굽의 음악을 미처 알아듣지 못할 수 있다. 하지만 마태와 누가는 우리가 그 음악을 듣도록 돕기 위해 최선의 노력을 기울이고 있다. 그들의 글에서는 우리에게 친숙한 리듬과 선율들이 때때로 아주 큰 소리로 울려 퍼진다.

이와 관련하여, 대부분의 사람들이 놓치곤 하는 한 예를 들어보자. 그것은 곧 예수님의 탄생 이야기에 등장하는 인물들의 이름과 관계가 있다. 우리는 그 인물들의 이름을 듣는 순간, 그것이 하나의 출애굽 이야기임을 곧바로 파악할 수 있게 된다. 먼저 이 이야기에는 한 사람의 요셉이 등장한다. 그는 신실한 이스라엘 백성으로, 하나님이 주시는 꿈을 꾸었으며 그분이 곧 기적적인 구속을 이루실 일에 관한 약속들을 받았다. 그리고 이 이야기에는 한 사람의 '엘리세바'(엘리사벳)가 등장하는데, 그녀는 아론의 자손에 속한 제사장의 아내였다(출 6:23). 또 이 이야기에는 한 사람의 '미리암'(마리아)이 등장하는데, 그녀는 하나님이 약속하신 구원자를 어린 시절에 지켜 줌으로써 하나님께 속한 백성의 어머니가 된 용기 있는 여성이었다. 미리암은 하나님이 행하실 구원의 큰일을 미리 내다보면서 그에 관해 노래했다. 또한 이 이야기에는 한 사람의 '한나'(안나)가 등장하는데, 그녀는 성전에서 이스라엘 백성의 속량을 위해 기도했던 신실한 여성이었다. 그녀는 이에 대한 하나님의 응답으로 한 아이가 기적적으로 주어졌음을 알아보았으며, 그 사실을 온 세상에 선포했다. 그리고 이 이야기에는 자신들의 이름을 통해 하나님이 자기 백성의 부르짖음을 들으시고 그들을 기억하셨다는 사실을 증언하는 이들이 등장한다. 곧 사가랴('주님이 기억하신다')와 시므온('들으심')이다. 또 이 이야기 가운데는 이스라엘의 온 백성이 기다려 온 그 인물이 등장하는데, 한 사람의 '여호수아'(예수님)가 바로 그인 것이다.

　개략적인 측면에서 출애굽 이야기와 예수님의 탄생 이야기는 놀랍도록 유사한 특징이 있다. 먼저 이 이야기들은 이스라엘 백성이 이방 권세의 압제 아래 있는 모습으로 시작된다. 또 신실하고 용감한 여인들이 등장하며, 한 남자아이가 태어난다. 이때 한 악한 왕은 남자 아기들을 전부 죽임으로써 그 아이를 없애 버리려는 의도를 품게 된다. 그리고 이 이야기들에는 하나님의 천사가 한 사람의 목자 또는 목자들 앞에 나타나서, 그분의 말씀이 성취되었음을 드러낼 '징표'를 약속한다. 또 밤하늘에 하나님이 주신 징표들이 나타나며, 이방인들이 찾아와서 이스라엘의 하나님께 경배하고 예물을 드리게 된다. 그리고 하나님이 택하신 백성들은 밤중에 나타난 천사에 대한 응답으로 위기를 벗어나며, 기다림 끝에 약속의 땅으로 돌아오게 된다. 다만 이 두 이야기 사이의 인상적인 차이점은 이스라엘 백성은 이집트를 탈출해 가나안 땅으로 향했던 반면, 예수님은 그 땅을 벗어나서 이집트로 가셨다는 데 있다. 그러나 마태복음에서 지적하듯이, 이때 예수님은 이집트로 떠났다가 돌아오는 그 여정을 통해 이스라엘 백성과 그분 자신을 하나로 결부 지으셨던 것이다. 그리하여 원래는 이스라엘 백성이 그 약속의 땅을 떠났다가 다시 돌아오게 될 일에 관한 호세아와 예레미야의 예언들이 이제 새로운 이스라엘이신 예수님께 적용되었다.[1] 여기서 복음서의 저자들은 그 백성의 음악적인 테마들을 가져다가 예수님의 테마 속에 결합시키고 있다.

흥미롭게도, 예수님의 탄생 이야기가 들어 있지 않은 복음서들 역시 그분을 소개하면서 우리의 주의를 출애굽에 집중시키고 있다. 요한복음의 경우, 예수님의 탄생은 곧 '말씀이 육신이 되어

《4악장: 위대한 구원》

우리 가운데 거하시게'(또는 '장막을 치게') 된 순간이었다. 이를 통해 이제껏 아무도 본 적이 없는 하나님의 영광이 드러났으며, 모세를 통해 전달된 계시 위에 은혜와 진리에 관한 새로운 계시가 주어졌던 것이다(1:14-18). 여기서는 출애굽기 32-34장의 메아리들이 아주 뚜렷하게 나타나고 있다. 그리고 마가복음의 경우, 세례 요한은 출애굽 당시에 이스라엘 백성 앞에 행했던 주님의 사자와 같은 인물이었다. "보라, 내가 내 사자를 네 앞에 보내노니"(막 1:2)라는 구절은 출애굽기 23:20의 언급과 매우 유사하며, 하나님이 보내신 한 존재(세례 요한/주님의 사자)가 먼저 와서 그분이 택하신 자(예수님/이스라엘 백성)가 나아갈 길을 예비할 것임을 알려 준다. 이를 통해 우리는 그 택함 받은 자 앞에 놓인 여정이 위험과 핍박으로 가득 차 있으며, 천사의 보호가 필요하게 되리라는 점을 알게 된다. 마가복음에는 예수님이 귀신들을 내쫓고 병자들을 고치시며 자신들을 무너뜨리려고 오셨음을 알았던 적대적인 세력들로부터 그 땅을 정결케 하신 이야기들이 담겨 있다. 그 이야기들을 살피는 동안 우리는 출애굽 당시에 이스라엘 백성이 온다는 소식을 듣고서 가나안의 족속들이 반응했던 방식들을 상기하게 된다.[2]

그러므로 예수님의 공적인 사역이 시작되면서 우리는 40일(또는 40년)에 걸친 광야의 시험이 있을 것과 그분이 요단 강을 건너시는 일에 관해 듣게 되기를 기대하게 된다. 이전의 이스라엘 백성과 마찬가지로, 예수님은 세례의 물속을 통과하셨다. 이때에는 성령님이 그분과 함께하심을 나타내는 물리적인 상징인 비둘기가 그 위에 내려왔으며(이 비둘기는 노아의 홍수 때 있었던 일과 이 세상의 창조 시에 성령님이 물 위에 운행하셨던 일을 모두 상기시킨다), 예수님은 하늘에서 울리는 한 음성을 듣게 되셨다. 이는 곧 그분의 정체성에 관해 선포하며, 이스라엘 백성을 향해 그분의 말씀을 들을 것을 명령하는 음성이었다. 이처럼 예수님이 세례를 받으신 일은 그 백성을 인도하는 역할이 세례 요한에게서 그분에게로 넘어왔음을 나타낸다. 이는 앞서 그 역할이 모세에게서 여호수아에게로, 또 엘리야에게서 엘리사에게로 넘어갔던 일과 마찬가지였다. 예수님이 요단 강에서 세례를 받고 올라오실 때, 그분은 이스라엘 온 땅을 다니면서 어둠의 세력들을 내쫓으라는 새로운 임무를 받으셨던 것이다.

이와 동시에, 예수님은 이전의 이스라엘 백성과 마찬가지로 광야에서 긴 시간을 보내셔야만 했다. 곧 성령님이 그분을 마르고 건조한 땅으로 인도해 가셨으며, 그곳에서 예수님은 하나님이 양식을 공급해 주실 것을 신뢰하면서 악한 자를 대적하고 성경의 증거를 굳게 붙드셔야만 했던 것이다. 이때 그분이 받은 구체적인 시험들은 출애굽 당시에 이스라엘 백성을 흐트러지게 만들었던 유혹들을 상기시키는 것이었다. 당시에 그 백성들은 먹을 것이 없다고 불평하고 기적을 요구하면서 하나님을 시험했으며, 거짓 신들에게 절할 뿐 아니라 자신들의 때가 이르기 전에 그분이 주실 유업을 미리 가져가려 했다. (그러므로 마귀가 행한 세 가지 시험에 대해 예수님이 신명기 말씀을 인용하면서 응답하신 일은 우연이 아니었다. 신명기는 모세가 이스라엘 백성에게 순종의 필요성을 일깨우기 위해 전했던 설교이기 때문이다.) 그런데 이스라엘 백성이 실패했던 바로 그곳에서 예수님은 승리를 거두셨다. 지금까지 우리는 성경의 출애굽 이야기를 계속 살펴 왔지만, 이런 승리는 일찍이 본 적이 없었다. 여기서는 우리에게 너무도 익숙한 실패에 대한 성경적인 선율이 소망의 노래로 변형되어 나타났던 것이다.

마태복음에서 예수님은 광야에서 돌아오신 후에 제자들을 부르셨는데, 이는 출애굽기 18장에서 모세가 이스라엘 백성의 장로들을 세운 것과 마찬가지였다. 예수님은 많은 무리에게 추종 대상이 되셨으며 산 위에 올라 그곳에서 그들을 가르치셨는데, 이 역시 모세가 행한 일과 동일했다. 또 그분은 자신의 가르침을 통해 율법에 순종하는 일의 의미가 무엇인지를 탐구하셨는데, 이것 역시 모세가 행한 일과 같았다. (다만 모세와 달리 예수님은 그분 자신의 권위로써 가르치셨으며, 율법을 통해 얻을 수 있는 것보다 더 높은 수준의 의가 있음을 강조하셨다.) 예수님은 이스라엘 백성을 "목자 없는 양"(마 9:36)같이 여기시고 곧바로 그 백성을 돌볼 지도자들을 세우셨는데, 이는 모세가 여호수아를 자신의 후계자로 세운 일과 마찬가지였다.[3] 또 그분은 열두 제자를 따로 구별하신 뒤에 그 땅을 복음으로 정복하기 위한 '정탐꾼'으로서 그들을 보내셨는데, 이 역시 모세가 행한 일과 같았다. 이 제자들을 영접하는 이들은 이전의 라합이 그러했듯이 복을 누리게 되겠지만, 그들을 거부하는 이들은 이전의 아이 성 사람들처럼 파멸을 직면하게 될 것이었다. 그리고 이후에 예수님은 그 지도자들의 숫자를 70명으로 확대하셨는데, 이 역시 모세가 행한 일과 마찬가지였다.

예수님은 자신이 세상에 화평이 아닌 검을 주려고 왔음을 밝히셨는데(마 10:34), 이는 그분의 인격 안에서 여호수아와 "여호와의 군대 대장"이 하나로 결합되었음을 시사한다(수 5:14 참조).[4] 그리고 예수님은 그분의 임하심을 알리는 나팔 소리가 울릴 때 성전의 벽들이 무너져 내리게 될 것이라고 선포하셨는데, 이는 출애굽 당시에 여리고 성벽이 허물어진 일과 마찬가지였던 것이다. 심지어 마태복음에 기록된 그분의 마지막 말씀, 이른바 '대위임령'으로 불리는 그 말씀 가운데에도 하나님이 여호수아에게 주셨던 이전의 명령이 반영되어 있다. '나는 먼 땅 끝에 이르기까지 너희가 밟는 모든 땅을 너희에게 주었다. 너희는 내가 무엇을 명하든지 그 명령에 순종해야 한다. 그러면 내가 너희와 늘 함께할 것이다.'

복음서들 가운데서 이 모든 출애굽의 유비들이 나타나고, (우리가 사용해 온 음악적 비유로 돌아가자면) 출애굽의 주제들이 예수님의 테마로 조옮김되고 확장되며 변형되는 일은 곧 이제 우리가 마지막 악장으로 진입하고 있음을 보여준다. 우리가 이 책 전체에 걸쳐 살펴보았듯이, 출애굽의 메아리들은 성경의 어느 부분에나 존재하며 서로를 재현하면서 더욱 강화시켜 준다. 그런데 이 복음서들에서 제시되는 예수님의 인격 가운데서 이 모든 일은 하나의 정점을 향해 나아간다. 이제는 오케스트라 전체가 연주에 참여하며, 합창단들 역시 그 흐름에 동참한다. 이전의 악장들에서 연주되어 온 선율들, 곧 아브라함에서 모세를 거쳐 엘리야와 엘리사에 이르기까지 진행되어 온 그 곡조들은 이제 함께 결합되어 하나의 장엄한 하모니를 이루게 되는 것이다. 이때 이 하모니는 곡조들을 하나도 소홀히 여기지 않으면서 그 모두를 초월하는 방식으로 이루어진다. 그리고 이 하모니에 귀를 기울일 때, 우리는 출애굽의 의미뿐 아니라 하나님 나라의 복음이 지닌 의미를 헤아리는 데에도 도움을 받게 된다.

성경에서 요한복음만큼 이 점을 명확히 보여주는 본문은 없다. 이 복음서의 저자는 출애굽의 주제를 하나의 정점을 향해 이끌어 가고 있기 때문이다. 예수님은 하나님의 백성을 위해 포도주를 공급해 주는 분이시며, 이를 통해 그들은 그분을 뵙고 함께 기뻐하면서 먹고 마실 수 있게 된다(요 2장, 출 24장 참조). 예수님은 물과 성령을 통한 거듭남을 선포하신 분이었으며, 그분을 믿는 자는 누구든지 생명을 얻도록 하기 위해 광야에서 높이 들린 놋뱀이셨다(3장). 그분은 마른 땅에서 솟아난 생수의 원천이셨다(4, 7장). 예수님은 약하고 무력한 이들, 소망을 잃고 버림받은 이들을 치유하셨으며(그중에는 38년 된 병자도 있었다), 그들에게 안식을 베푸셨다(5장, 신 2:14 참조). 그분은 사람들에게 하늘의 떡을 내려 주셨으며, 바다의 물들에 대한 자신의 주권을 드러내셨다(6장). 예수님은 모세와 같은 선지자이셨으며, 참되고 영적인 양식과 음료의 근원이 되시는 분이었다(6, 7장). 그분은 이스라엘을 인도하는 빛이자 그들을 노예 상태에서 해방시키는 진리이시며, 불붙은 떨기나무 가운데 나타나신 "스스로 있는 자"이셨던 것이다(8장). 예수님은 자신의 백성을 이끌어 내며 보호하는 목자이셨다(10장). 그분은 출애굽 당시에 이집트의 바로에게 임했던 재앙들을 역전시키셨으며, 이는 목마른 이들에게 신선한 물을 주고 병든 자들을 치유하심으로써 이루어졌다. 또 예수님은 어둠 속에서 빛이 되시고, 죽은 자들에게 생명을 가져다주셨던 것이다. 이 모든 일은 궁극적으로 왕이신 하나님의 맏아들이신 그분이 유월절에 자신을 희생하신 일을 통해 성취되었다. 그리고 예수님은 참된 성막이시며, 우리는 그분 안에서 하나님의 참모습을 보게 된다. 또 예수님은 진정한 중보자로서, 그분의 백성들이 진리와 거룩함 안에서 하나로 연합되기를 기도하시는 것이다. 그리고 예수님은 참되신 하나님의 어린 양으로서, 온 세상의 죄를 친히 감당하신다.

모두 와서 그분께 경배하자.

《4악장: 위대한 구원》

≪ 복습을 위한 질문 ≪

1. 예수님이 세례를 받은 후에 행하신 초기의 사역들은 어떤 면에서 모세의 패턴을 따라가고 있는가?

2. 대위임령은 모세가 여호수아에게 준 명령과 어떤 면에서 유사한가?

3. 출애굽에서 유래한 요한복음의 이미지들로는 어떤 것들이 있는가?

≫ 생각을 위한 질문 ≫

1. 예수님이 어린 시절에 유월절을 지키신 일에 대한 누가복음 2:41-50의 이야기는 어떤 식으로 그 이후의 이야기들을 미리 보여주는가?

2. 세례 요한이 행한 사역의 '음악적인' 세부사항들(그의 의복과 활동, 그가 머무른 장소, 자신의 정체성에 대한 그의 묘사 등)은 예수님이 행하신 사역의 의미를 이해하는 데에 어떤 도움을 주는가?

3. 예수님이 세례를 받고 시험들을 겪으시며 나사렛에서 설교하셨던 일에 관해 누가가 남긴 기록의 배경에는 에스겔 1-3장의 이야기가 어떤 식으로 자리 잡고 있는가?

19

예수님의 출애굽

〖 마태복음-요한복음 〗

누가복음에서는 여러 장에 걸쳐 암시와 시사, 비유와 힌트들을 제시한 후, 마침내 다음의 사실을 명확히 밝히고 있다. '예수님은 그분 자신만의 출애굽을 겪으시게 될 것이다.' 이 진리는 변화산 위에서 우리 앞에 드러나고 있다. "문득 두 사람이 예수와 함께 말하니 이는 모세와 엘리야라. 영광 중에 나타나서 장차 예수께서 예루살렘에서 **별세하실** 것*exodos*을 말할새"(눅 9:30-31). 이 단어를 '떠남', '퇴장', '별세', '죽음', '출애굽' 등 어떤 표현으로 번역하든 간에, 신약 시대에 '엑소도스'는 과거에 있었던 이스라엘 백성의 출애굽을 언급하는 데 쓰였다. 그리고 우리는 여기서 예수님이 예루살렘에서 그분 자신의 출애굽을 성취하실 일에 관해 모세, 엘리야와 함께 말씀을 나누시는 모습을 보게 된다.

복음서들에 담긴 출애굽의 음악은 조금씩 고조되다가, 변화산 사건에 이르러서 마침내 매우 명확한 형태로 나타난다. 예수님과 그분의 제자들은 기적을 행해 왔으며, 이는 바로를 닮은 인물인 헤롯 왕의 주의를 끌었다. 그 왕은 창세기 40:20-22에서 요셉이 감옥에 갇혀 있을 때 바로가 행했던 것과 마찬가지로, 그 직전에 어떤 이세례 요한—옮긴이를 처형함으로써 자신의 생일을 기념했다.[1] 이에 예수님은 그곳을 떠나서 갈릴리 바다를 건넜으며, 광야를 향해 나아가셨다. 먹을 양식이 없는 많은 무리의 이스라엘 백성이 그 뒤를 따랐으며, 예수님은 (모세가 그랬듯이) 자신의 제자들에게 권위를 위임하시고 (모세와 마찬가지로) 그 백성들을 50명씩 무리 지어 앉게 하셨다. (모세가 그랬듯이) 그 모든 이들을 위해 하늘의 떡을 공급해 주셨던 것이다. 출애굽 때의 일과 이 기적 사이의 유사성은 가장 특이한 세부사항들에서까지 나타난다. 예수님이 이 기적을 행하실 당시에 오직 남자들의 숫자만이 계수되었다든지, 모두가 먹고 남은 음식이 열두 광주리 정도였다는 점 등이 그러하다. 이때 이 광주리들은 아마도 한 지파당 하나씩이었을 것이다.

그로부터 8일 후(성경에서 여덟째 날은 자주 새 창조의 날로 언급되곤 한다), 예수님은 기도하려고 산으로 오르셨다. 이때에 베드로와 야고보와 요한이 그분과 동행했는데, 이는 이전에 모세가 아론과 나답, 아비후를 데리고 시내 산에 올랐던 일과 마찬가지였다. 당시 그 제자들은 영광의 구름이 강림하는 가운데서 신현theophany, 곧 하나님의 나타나심을 보게 되었다. 그리고 이같이 하나님이 나타나신 사건의 중심에 놓인 것은 바로 예수님의 얼굴이 변화된 일이었다. 이전에 모세가 눈으로 보도록 허용되지 **않았던** 것이 하나님의 '얼굴'이었으니 이는 실로 흥미로운 일이다. 그러므로 이때의 신현은 더욱 중대한 의미가 있다. 이때 그곳에는 모세와 엘리야가 나타났으며, 예수님은 자신이 겪을 '엑소도스'에 관해 그들과 이야기를 나누셨다. 한편 베드로는 모세와 엘리야가 그곳을 떠나갈 것을 염려하면서, 모든 이들을 위해 초막을 짓겠다고 예수님께 청한다. 이 복음서의 이야기를 여기까지 잘 따라왔다면, 우리는 이런 베드로의 말을 의아하게 여기게 될 것이다("자기가 하는 말을 자기도 알지 못하더라", 눅 9:33). 이는 모세와 엘리야가 율법과 선지자를 대표하는 이들로서, 예수님의 영광이 드러나도록 그 길을 예비할 자들로 정해져 있었음을 우리가 알기 때문이다. 세례 요한이 더욱 낮아짐으로써 예수님이 더욱 높임을 받으시게 되어 있었던 것과 마찬가지였다. 이 구절에서 우리는 또한 '천막'(또는 '장막')이 언급되는 것을 살피게 된다.

그런 다음에 하늘로부터 한 음성이 들려왔다. 하나님께 택함을 받은 그분이 누구인지를 선포하면서 사람들에게 그분의 말씀에 귀 기울일 것을 명령하는 목소리였다. 이는 이전에 주님이 시내 산에 친히 강림하심으로써, 율법에 근거한 모세의 가르침이 그 권위를 입증받았던 일과 마찬가지였다. 그리고 예수님과 모세 모두 그 산에서 내려온 뒤에 많은 무리의 사람들을 대면하게 되었는데, 이 두 경우 모두에서 예수님과 모세가 자리를 비운 동안 그

《4악장: 위대한 구원》

직무를 대리했던 이들이 자신들의 일을 제대로 감당하지 못했음이 드러났다. 곧 예수님의 제자들은 한 소년을 사로잡아 넘어뜨리고 "몹시 상하게" 한 귀신의 일을 제지하는 데 실패했던 것이다(눅 9:39). 이는 출애굽 당시에 아론이 귀신 숭배자들을 제지하지 못했던 일과 마찬가지였다. 그리하여 모세는 자신이 하나님께 받은 두 돌판을 내던지고 부수어 버렸다. 예수님의 경우에는 그 사람들을 다음과 같이 엄하게 꾸짖으셨다. "믿음이 없고 패역한 세대여, 내가 얼마나 너희와 함께 있으며 너희에게 참으리요?"(9:41) 누가복음 본문의 많은 부분과 마찬가지로, 이 구절 역시 모세가 광야에서 이스라엘 백성에 관해 선포했던 일을 상기시킨다. "그들은 심히 패역한 세대요 진실이 없는 자녀임이로다"(신 32:20).

이 모든 내용은 예수님의 '엑소도스'가 ('별세하실 것'이라는 어구를 통해 시사되듯이) 그저 그분의 죽으심에만 연관된 일이 아님을 보여준다. 오히려 그 '엑소도스'는 그분의 영광과 권세, 계시와 생명, 그분의 죽으심과 부활, 그리고 승천에 모두 연관되어 있다. 이때 예수님은 그저 이 세상을 떠나시기만 하는 것이 아니었다. 오히려 그분은 하나의 출애굽을 시작하고 계셨던 것이다. 이는 곧 속박의 땅을 벗어나서 젖과 꿀이 흐르는 새로운 세계를 향해 오랫동안 고대해 온 탈출을 감행하는 일이었으며, 이를 통해 옛 세계의 주인들은 무너져 마침내 바닷물에 수장되고 말 것이었다. 그러나 그분을 믿고 따르는 많은 이들은 (그들이 유대인이든 이방인이든 간에) 자유를 얻도록 되어 있었다.

이 탈출의 주제는 다소 놀라운 방식으로 우리 앞에 제시되고 있다. 그분이 세상을 떠나시기 전 마지막 며칠 동안, 예수님은 준비하며 깨어 있어야 할 필요성에 관해 여러 이야기를 제자들에게 들려주셨다. 이는 그들이 한밤중에 도망쳐야 할 일이 임박해 있었기 때문이었다. 누가복음 17장에서 예수님은 인자의 임함에 관해 언급하시면서, 제자들의 믿음을 격려하는 동시에 그 믿음을 저버리고 돌아서는 일의 결과들이 어떠한지를 경고하려고 두 개의 출애굽 이야기를 제시하셨다. 그분에 따르면, 인자가 임하는 "날"은 하나님의 대적들이 깊은 물속에 수장되었던 노아의 "때"나 하늘로부터 임한 재앙에 의해 한 사악한 도시가 멸망당했던 롯의 "때"와 동일한 성격을 띠게 되리라는 것이었다. 어떤 이들 앞에서 출애굽의 이야기를 제시할 때, 우리는 이집트인들에게 일어난 일보다는 이스라엘 백성이 겪은 일들에 초점을 맞추곤 한다. 그리고 이와 마찬가지로 우리는 가인의 후손들보다는 노아에게, 소돔 성보다는 롯에게 관심의 초점을 두곤 한다. 하지만 예수님은 그분의 제자들을 향해, 이들 모두에게서 교훈을 얻을 것을 강권하셨다. 곧 오래된 노래의 가사처럼, "예수를 따르며 뒤돌아서지 않기로" 결단하는 법을 배우라는 것이 그분의 가르침이었던 것이다. 이전에 이스라엘 백성은 뒤를 돌아봄으로써 자신들의 유업을 잃고 말았다. 그리고 뒤를 돌아보았던 롯의 아내 역시 소금 기둥이 되어 버렸다.

회복의 모본이 되시는 분, 곧 우리가 노예로 있던 상태를 벗어나서 약속된 유업을 향해 꾸준히 나아가는 데 헌신하는 일에 하나의 본보기가 되시는 분은 바로 예수님 자신이시다. 그분이 배신 당하시던 날 밤, 예수님은 그분 자신만의 작은 출애굽을 실행하셨다. 밤중에 유월절 식사를 마치신 뒤, 그분은 심판 앞에 직면해 있던 그 도성을 떠나셨다. 이때에는 (이스라엘의 열두 지파를 상징하는) 열두 제자가 그분의 뒤를 따랐으며, 예수님은 강을 건너서 그분이 하나님과 대면하시게 될 산을 향해 나아가셨다. 이때에는 천사들이 그분 곁에 함께했던 것이다. 또한 예수님이 이때에 행하셨던 일은 이전에 압살롬의 반란 이후에 있었던 다윗의 출애굽을 상기시키는 것이었다. 당시 그분은 가까운 벗이자 조언자였던 이(이는 다윗 때의 아히도벨과도 같은 유다였다)에게 배신을 당하셨으며, 예루살렘을 벗어나 울면서 감람산으로 올라가셨던 것이다. 이때에는 어떤 전령들(이는 다윗 때의 시바와도 같은 존재인 천사들이었다)이 그분을 섬겼으며, 대적들(이는 로마의 군인들로서 다윗 때의 시므이와도 같은 자들이었다)이 그분을 공격하고 저주했다. 그리고 그분의 오른팔 격인 이(이는 베드로로서 다윗 때의 아비새와 같은 이였다)가 그들을 쳐서 쓰러뜨리려 했지만, 그분은 그 일을 막으셨다.[2] 아마도 이 배신의 이야기에서 가장 놀라운 출애굽의 메아리가 나타나는 순간은 바로 예수님이 "내가 그니라"라고 말씀하시자 로마의 군인들이 물러가서 땅에 엎드러졌던 그때일 것이다(요 18:6). 그리고 당시의 상황을 경험했던 이들에게 그것은 가장 당혹스러운 메아리였을 것이 분명하다. 곧 예수님은 모세이자 이스라엘 백성인 동시에 다윗이셨다. 한편, 그분은 주님, 곧 이전에 불붙은 떨기나무 가운데서 임하셨던 하나님이 사람의 모습으로 나타나신 분이기도 했다.

그리고 예수님이 유월절의 어린 양이셨다는 점은 언급할 필요도 없다. 각 복음서에서 고유한 방식으로 강조하듯이, 예수님은 순전하고 흠이 없으시며 아무 잘못이나 허물이 없으신 분이었다. 예수님은 유월절 주말에 자신을 제물로 드리셨으며, 그분의 죽으심은 자신의 백성들을 속량하며 그 민족의 죄를 대신 감당하기 위한 하나의 희생제사였다. 그리고 이때 그분이 제정하신 그 중대한 식사 가운데는 그분의 추종자들이 그분의 몸을 '먹는' 일 또한 포함되어 있었던 것이다. 그분이 십자가에서 돌아가실 때에는 그 뼈가 하나도 꺾이지 않았으며, 한낮이었음에도 불구하고 어둠이 하늘을 뒤덮었다_{이는 유월절 당시의 밤과 같은 분위기를 상징한다—옮긴이.} 그런 다음에 그분은 마침내 숨을 거두셨다. 예수님이 이같이 행하셨을 때, 먼저는 유대인들이 그분의 피로써 구속을 받았다. 그때 그곳에서 몇몇은 문자적으로 자신들의 무덤 바깥으로 나왔다. 그리고 그다음에는 무수히 많은 이방인들이 죄와 죽음의 속박을 벗어나서 하나님께 속한 백성의 일원이 되었다. 이전에 그들은 바라바처럼 자신들의 처형을 기다리면서 감옥에서 하루를 시작하곤 했던 범죄자들이었지만, 죄가 없으신 그분이 그들을 대신해서 형벌을 당하셨기 때문에 이제는 그 감옥에서 나가는 문이 그들 앞에 활짝 열리게 되었다. 이전에 이스라엘 백성은 자신들의 맏아들들을 희생시키지 않기 위해 유월절 어린 양을 희생제물로 드렸던 바 있다. 그러나 자비가 풍성하신 하나님은 자신의 맏아들인 동시에 유월절 어린 양이신 그분을 우리를 위해 내어 주셨던 것이다.

우리도 알듯이, 이스라엘 백성의 출애굽은 단 하룻밤 만에 끝나지 않았다. 그때 모세가 바로에게 설명했던 것처럼, 그 자유를 얻기 위해서는 사흘에 걸친 여정이 필요했다. 그리고 그 자유는 궁극적으로 밤중에 있었던 그 백성의 탈출을 통해 드러난 것이 아니라, 아침이 밝아 오면서 자신들의 대적들이 깊은 물속에 수장된 모습을 이스라엘 백성이 보았을 때 비로소 나타나게 되었던 것이다. 이와 마찬가지로 애도의 눈물이 기쁨으로 바뀌며 일시적인 탈출이 영속적인 구원으로 변화된 일, 우리의 원수인 용이 궤멸되고 다시는 사람들을 속박하지 못하게 된 일 역시 그 셋째 날 새벽, 곧 해가 떠오름과 동시에 주님이 다시 살아나셨던 바로 그때에 이루어졌다. "어찌하여 살아 있는 자를 죽은 자 가운데서 찾느냐? [그는] 여기 계시지 않고 살아나셨느니라"(눅 24:5-6). 이때 다시금 마리아(또는 미리암)가 그 여인들을 이끌고서 그분의 '엑소도스'를 경축한 것은 그 일의 성격에 걸맞은 일이었다.

복음서의 이야기들은 (만약 그것이 끝이라고 말할 수 있다면) 하나의 산 위에서 끝이 난다. 마태복음의 경우, 그것은 이전에 여호수아가 서 있었던 것과 같은 산이었다. 여기서 예수님은 자신의 제자들을 향해, 그분이 함께하심을 믿으면서 온 세대의 사람들에게 그분의 계명을 가르칠 것과 그분이 그들을 위해 확보해 두신 땅을 상속할 것을 명령하셨기 때문이다. 그리고 누가복음과 사도행전의 경우, 그 산은 이전에 모세가 서 있었던 산에 더 가까웠다. 이 글들에는 예수님의 승천과 구름, 천사들과 빛나는 옷, 그리고 성령님이 그분의 성전에 충만히 임하시기를 기다리라는 지시가 언급되어 있다. 이처럼 이 두 복음서의 저자들은 (애니메이션 「이집트 왕자」의 제작진들과 마찬가지로) 하나의 산 위에서 자신들의 출애굽 내러티브를 마무리하고 있으며, 우리는 그 이유를 헤아릴 수 있다. 이는 곧 시내 산에서 그 백성이 주님을 대면한 일이 여러 가지 측면에서 그 이야기의 절정을 이루기 때문이다. 출애굽 이야기의 나머지 부분들은 바로 이 핵심적인 순간을 가리켜 보이고 있다. 그리고 예수님이 승천하신 일, 곧 그분이 마침내 땅에서 들리신 후(요 12:32) 성부 하나님의 보좌 우편에 앉으셔서 모든 이들을 그분 자신에게로 이끌기 시작하신 일에 관해서도 우리는 이와 동일한 내용을 언급할 수 있다.

하지만 위의 네 복음서 모두에서조차 출애굽 이야기는 여전히 완료되지 않은 상태로 남아 있다. 하나님의 나라는 아직 온전히 이 땅에 임하지 않았으며, 그분의 백성은 약속의 땅을 미처 확보하지 못했다. 성령님은 아직 그 백성 가운데 임하시지 않으셨다. 예수님의 출애굽은 끝이 났을지 모르지만, 그분께 속한 백성의 출애굽은 이제 막 시작 단계에 있는 것이다.

《4악장: 위대한 구원》

≪ 복습을 위한 질문 ≫

1. 예수님이 5,000명을 먹이신 일에 담겨 있는 출애굽의 주제들을 언급해 보라.

2. 출애굽 이야기는 변화산 사건의 의미를 파악하는 데 어떤 도움을 주는가?

3. 예수님의 죽으심과 부활하심은 어떤 면에서 출애굽의 형태를 띠고 있는가?

≫ 생각을 위한 질문 ≫

1. 복음서에 등장하는 인물 가운데 바로를 닮은 사람들은 누구인가? 아합 왕을 닮은 인물도 찾아볼 수 있는가?

2. 엘리야와 엘리사의 출애굽 이야기들은 어떤 면에서 그리스도에 관한 복음서의 이야기들을 위한 배경 역할을 하는가? 먼저 누가복음 4:24-27을 읽은 뒤, 누가복음 7:1-10과 7:11-17의 내용을 열왕기하 5:1-19과 열왕기상 17:17-24에 각각 견주어서 살펴보라.

3. 예수님의 출애굽은 이전에 있었던 출애굽 이야기들의 의미를 어떻게 성취하는가?

20

시내 산과 오순절

〖 사도행전 〗

올라가면 내려와야 한다. 예수님의 지상 사역은 그분이 오르심으로써 그 절정에 이르렀다. 예수님은 예루살렘을 향해 오르셨고, 골고다 언덕으로 오르셨으며, 십자가에 오르셨다. 그분은 죽음에서 생명으로 올리심을 받았으며, 감람산에 오르셨고, 마침내 하늘로 올라가셨다. 하지만 누가의 설명처럼, 복음서의 이야기들은 예수님이 행하며 가르치기를 **시작하신** 일에 관한 것일 뿐이었다(행 1:1). 그분이 이 땅에서 행하신 사역의 다음 부분들, 곧 사도행전에서 누가가 관심의 초점을 두는 부분들은 교회를 통해 이루어질 터인데 여기에는 내려오는 일이 연관되어 있다.

오순절에 성령님이 선물로 주어진 일은 자주 바벨탑 사건과 연관 지어 언급되며, 이에 관해서는 충분한 이유가 있다. 오순절

《 4악장: 위대한 구원 》

당시 사람들이 한데 모여서 기도할 때, 하나님이 그 가운데로 내려오셔서 언어의 기적을 나타내셨다. 그런 다음 그들은 세상 전역으로 흩어졌으며, 이로써 하나님이 아브라함에게 주신 약속이 성취되기 시작했다. 이전에 있었던 바벨탑의 경우, 사람들이 이같이 흩어지게 된 것은 그들의 불순종에 대한 응답으로 주어진 심판의 결과였으며 이를 통해 의사소통의 단절과 분열이 생겨났다. 그러나 오순절의 경우, 그 일은 신자들의 순종에 대한 응답으로 주어진 은총의 결과였으며 이 일을 통해 사람들 사이에 새로운 이해가 싹트고 서로 간의 연합이 이루어지게 되었다. 그러므로 오순절 사건은 중요한 의미에서 그 바벨탑 사건을 역전시킨 일이 되었다.

그런데 오순절은 또한 이스라엘 백성의 출애굽을 상기시키는 일로, 특히 그 백성이 시내 산에서 하나님을 대면했던 일을 떠올리게 하는 사건이었다. 이 두 사건 사이의 유사점 중 일부는 명백히 드러난다. 출애굽 당시에 이스라엘 백성에게 율법이 주어진 것은 유월절로부터 7주 정도 지난 뒤의 일이었다. 그런데 오순절에 교회에 성령님이 임하신 것도 예수님의 십자가 죽으심이 있은 지 7주 정도 지난 후의 일이었던 것이다. 두 사건 모두 기름 부음을 받은 지도자가 위로 올라갔으며, 그 결과로서 하나님의 임재가 그 백성들 가운데 드러나게 되었다. 그리고 두 사건 모두 하늘로부터 큰 소리가 들렸으며(그것은 우레와 나팔 소리일 수도, 급하고 강한 바람 같은 소리일 수도 있었다), 하나님이 친히 불 가운데 강림하셨던 것이다. 또 두 경우 모두 하나님께 속한 백성의 정체성을 규정하는 은사(처음에 그것은 율법이었으며, 이후에는 성령이 그 선물로 주어졌다)가 수여되었다. 그리고 두 경우 모두 그 백성들은 왕이자 제사장으로 임명되었으며, 성막/성전이 확립되었던 것이다. 또한 두 경우 모두 순종을 촉구하는 설교가 선포되었으며, 새로운 언약이 시작되었다.

그런데 오순절 사건에서는 좀 더 미묘한 메아리들이 나타나는데, 이런 특징들은 오순절 당시의 일이 어떤 의미에서 바벨탑 사건뿐 아니라 시내 산에서 있었던 일을 역전시킨 사건이기도 하다는 것을 보여준다. 출애굽 당시의 시내 광야는 민족적인 배교 현장이었다. 그때 산에서 내려온 모세는 이스라엘 백성이 그들의 짧은 역사 가운데서 가장 사악한 성격의 행위에 가담하고 있음을 발견했다. 그들이 금송아지에게 경배하면서, 자신들을 노예 생활에서 건져 준 일에 관해 우상에게 감사를 표했던 것이다. 이에 하나님은 그 백성을 '목이 뻣뻣한 세대'로 판정하셨으며, 3,000명의 백성이 칼에 맞아 죽임을 당했다. 그 사건 이후, 제사장 직분에 관한 약속은 당시 주님의 부르심에 응답했던 레위 지파에게만 주어지게 되었다.

다른 한편으로, 신약의 오순절은 민족적인 복이 임한 시기였다. 당시 베드로는 이스라엘 백성이 그들의 역사상 가장 사악한 행위를 범한 뒤에 그들을 대면했는데, 그것은 바로 그들의 메시아를 십자가에 못 박은 일이었다. 그러나 베드로는 자비를 가득 담아 그들에게 다가갔다. 그는 백성들을 향해 죄 사함을 얻고 성령을 선물로 받게 될 것을 약속했다. 그들을 '사악한 세대'로 정죄하는 대신에 그 사악한 세대로부터 건짐 받을 기회를 그들에게 제공했던 것이다. 이때에는 3,000명의 사람들이 베드로의 설교를 듣고 마음에 찔림을 받아 구원에 이르게 되었다. 그 사건 이후로, 하나님의 부르심에 응답하는 그분의 모든 백성이 그 약속을 누리게 되었다.

그런데 이처럼 하나님께 받은 기업을 상속하기 위해 앞으로 나아갈 때, 우리는 핍박에 직면하게 된다. 출애굽 당시의 이스라엘 백성과 초대 교회 모두 하나님이 그들에게 주신 명령, 곧 '온 땅/세상을 향해 나아가라. 이는 내가 너희와 함께함이니라'라는 명령에 순종하려 할 때 외부의 대적들과 맞닥뜨리게 되었다. 예상할 만한 일이었다. 당시의 지배 세력들에게, '너희의 시대가 끝났다'는 말은 그리 달갑게 들리지 않았을 테니 말이다. 하지만 이 두 경우 모두 이 외적인 적대자들은 진정한 문젯거리가 아니었다. 이는 아말렉 족속이나 가나안 족속들이 여호수아와 갈렙을 저지할 수 없었던 것과 같이, 산헤드린 공회 역시 베드로와 요한의 사역을 중단시킬 수 없었기 때문이다. 그들이 사용한 창이나 칼, 매질과 감금 등의 수단으로는 하나님께 속한 백성의 기도를 당해 낼 수 없었다. 진정한 문젯거리는 백성들 내부에서 왔다. 성적인 부도덕과 교만, 우상 숭배와 불의로 인해 그런 문제들이 생겨났던 것이다.

안타깝게도 우리는 출애굽 당시에 이스라엘 백성이 거둔 승리가 아간의 탐욕 때문에 손상되었던 것처럼, 초대 교회의 진전 역시 아나니아와 삽비라의 욕심 때문에 훼방받게 된 이야기를 읽게 된다(수 7:1-26, 행 5:1-10). 아간의 탐욕은 도둑질을 낳았고 아나니아와 삽비라는 욕심 때문에 자신들의 공적을 부풀렸는데, 그 근원에 있는 문제는 동일했다. 한편 여호수아와 베드로는 그 백성들이 이처럼 모든 은총을 받은 후에도 이런 식으로 죄를 범할 수 있다는 점에 대해 제각기 놀라움을 드러냈다. 그리고 그 뒤에는 충격적인 일들이 이어졌다. 곧 주님이 아간의 가족들이나 아나니아와 삽비라 모두를 지목해서 책망하셨으며, 그들이 공개적으로 죽임을 당한 것이다. 주님은 그분께 속한 백성들을 정결케 하며 그들로 하여금 죄 짓는 일을 두려워하도록 이끄시려고 이 같은 일을 행하셨다. 비록 이런 이야기들을 읽어 내기가 힘들더라도, 이 이야기들은 예수님이 설명하셨듯이 '잔이 더러워지는 것은 그 바깥 부분보다도 그 안의 내용물 때문'이라는 사실을 우리에게 일깨워 준다. 오늘날의 세상에서는 전쟁보다도 전염병 때문에 더 많은 사람들이 목숨을 잃고 있다. 외부의 핍박보다는 그들 자신의 죄 때문에 더 많은 교회들이 무너지고 있다. 이처럼 하나님이 자신의 죄를 뉘우치지 않는 자들에게 궁극적인 처벌을 가하는 일을 적절하게 여기셨다면(우리는 하나님이 교회에 그 일을 맡기지 않으시고 아나니아와 삽비라를 직접 치셨다는 점을 생각해야 한다), 이는 그런 죄들이 얼마나 심각한 문젯거리인지를 보여준다.

이런 일이 있었음에도 불구하고, 초대 교회에서는 주님의 말씀이 계속 흥왕하며 번성해 갔다. 이스라엘 백성이 이집트에서 그러했던 것과 마찬가지였다. 그리고 사도행전에서 주된 사건의 전환점들이 종종 출애굽의 성격을 띤 방식으로 드러났다. 그러므로 사두개인들이 사도들을 잡아다가 감옥에 가두었을 때, "주의 사자가 밤에 옥문을 열고 [그들을] 끌어"내었다(행 5:19). 그리고 사도행전 6장에 기록된 음식에 관한 논쟁은 새로운 지도자들의 집단이 임무를 위임받는 일로 이어졌다 출 18장에서 모세가 천부장과 백부장 등을 세웠던 일에 비견된다—옮긴이. 스데반이 예루살렘에서 행한 설교와 바울이 비시디아 안디옥에서 행한 설교들에는 출애굽에 관한 언급이 가득 담겨 있다. 빌립은 자신이 행한 이적들을 통해 한 도시를 해방시켰으며, 그곳 사람들을 현혹하고 있던 마술사와 대결했다. 그는 광야에서 한 아프리카인이 타고 가는 마차를 따라잡았으며, 그 사람을 물속에 잠기게 했다 행 8장에서 에디오피아 내시에게 세례를 베푼 일을 가리킨다—옮긴이. 이런 일들 가운데서 빌립은 모세뿐 아니라 엘리야를 닮은 모습까지도 보여준다(왕상 18장). 또 사울은 처음에 바로를 닮은 인물로서 하나님께 속한 백성들을 핍박하고 억압했지만, 이후에는 새로운 모세의 역할을 부여받게 되었다. 곧 그는 하나님의 영광을 보았으며, 주님이 그의 이름을 두 번이나 부르셨던 것이다(행 9:4의 "사울아 사울아"는 출 3:4의 "모세야 모세야"를 상기시킨다). 그는 하나님께 속한 백성이 억압당하는 일을 막기 위해 부르심을 받았으며, 그 백성들을 그들이 상속받은 땅으로 인도하기 위해 통치자들 앞에 보내심을 입었다. 출애굽기에서는 모세가 하나님의 영광을 목도했던 이야기가 세 차례에 걸쳐 언급되는데, 이 점은 사도행전에서 바울이 그분의 영광을 보았던 이야기들을 세 번에 걸쳐 언급하는 이유를 설명하는 것일 수도 있다(출 3:1-6; 24:9-18; 33:12-34:9, 행 9:1-9; 22:6-11; 26:12-18). 어쩌면 바울이 천막 만드는 이였음을 우리가 듣게 되는 이유도 바로 이 출애굽과의 유사성 때문이었을지 모른다.

초대 교회의 선교적인 진전이 언급되는 사도행전의 후반부에서도, 출애굽의 패턴은 계속 이어진다. 곧 신자들은 자신들이 살았던 도시(그들은 이곳에서 고난을 겪었던 경우가 많다)를 떠나서 낯선 땅으로 향하게 된다. 그들은 이 땅에서 신앙적으로 번성하며 성공을 거두고, 이방인들까지도 자신들의 공동체로 이끌어 들이게 된다. 그러고는 마침내 승리자가 되어서 그 도시로 돌아오는 모습이 반복된다. 이 부분에서 우리는 좀 더 구체적으로 베드로의 이야기를 살펴볼 수 있다. 그는 유월절에 사악한 왕 헤롯에 의해 죽임을 당하게 되어 있었지만, 한밤중에 주님의 천사가 나타나서 그를 깨운 뒤 옷을 입고 신을 신으라고 명령했던 것이다. 베드로는 감옥을 빠져나왔으며, 자신을 위해 "저절로 열리는" 문 사이를 통과했다(행 12:10). 당시 이 일 때문에 군인들 사이에 큰 혼란이 벌어졌고, 그 사악한 왕은 곧 어떤 천사의 손에 죽음을 맞게 되었다. 그리고 바울이 로마를 향해 나아가는 사도행전의 마지막 부분에서, 우리는 또 다른 출애굽의 메아리를 발견하게 된다. 당시 바울은 감금된 상태의 속박을 벗어나서 하나의 여정에 나서게 되는데, 성경 본문에서는 그의 이 여정에 있는 지리적인 세부사항들을 예외적으로 자세히 언급하고 있다. 또 그는 깊은 바다 속에 빠졌다가 건짐을 받아 그 건너편으로 떠올랐으며, 사람을 치유하시는 하나님의 능력을 드러내었던 것이다. 그런 다음에 그는 자신의 최종 목적지를 향해 계속 나아갔다.

다만 이 바울의 이야기에 나타나는 차이점은, 최종 목적지가 이스라엘 땅이 아닌 로마였다는 데 있다. 이는 곧 사도행전의 이야기 전체에 걸쳐 지향해 온 그 지점이다. 사도행전에서 바울은 줄곧 그곳에 자신의 초점을 집중하고 있었다. 곧 그는 어떤 일이 생기든 간에 마침내는 로마에 이르게 되는 일에 마음을 쏟았던 것이다. 이는 출애굽 당시에 이스라엘 백성이 약속의 땅에 들어가는 일에 전념했던 것과 마찬가지였다. 이 점은 우리에게 많은 것을 말해 준다. 곧 누가의 관점에서, 이방인들이 하나님의 택함을 받은 백성 가운데로 편입되는 일은 더 이상 출애굽 이야기의 주변부에 놓인 흥미로운 세부사항 정도가 아니었다. 오히려 그 일은 이야기 전체의 요점을 이루는 사건이 되었던 것이다. 또한 이 바울의 이야기를 통해, 바울의 생애 동안 그 모든 극적인 사건들이 벌어졌지만 하나님의 구속은 아직 완성되지 않았음을 보게 된다. 곧 하나님은 그 출애굽이 온 세상으로 확산되기 전까지는 결코 만족하지 않으시는 분이었던 것이다.

≪ 복습을 위한 질문 ≪

1. 시내 산 사건과 오순절 사건 사이의 유사점과 차이점은 무엇인가?

2. 다소의 사울이 받은 부르심은 모세가 받았던 부르심과 어떤 유사점이 있는가?

3. 사도행전은 하나님께 속한 선교(God's mission)의 새로운 방향을 어떤 식으로 드러내 보이고 있는가?

≫ 생각을 위한 질문 ≫

1. 열왕기하 2장의 이야기는 그리스도의 승천과 오순절 사이의 관계에 대해 어떻게 통찰하고 있는가?

2. 베드로는 예수님을 신명기 18:15-19에 예언된 '모세와 같은 선지자'로 묘사하고 있다. 사도행전의 예수님은 어떤 면에서 모세를 닮았는가?

3. 사도행전 12장의 내용은 어떤 면에서 유월절 이야기이자 부활 이야기가 되는가?

21

바울의 복음

〖 로마서–유다서 〗

복음주의자들은 복음의 내용을 요약하기를 즐겨한다. 이는 그리 놀라운 일이 아니다. 결국 우리는 '복음-주의자들'evangel-icals, 곧 '복음의 사람들'이기 때문이다. 우리는 하나의 그림을 그려서 그 내용을 요약하기도 한다. '여기에 우리가 있고 저곳에는 하나님이 계시며, 우리와 하나님 사이에는 이렇게 깊은 간격이 있다. 그리고 예수님은 이런 식으로 우리와 하나님 사이에 다리를 놓으신다.' 또 비유들을 써서 그 내용을 요약하기도 한다. 그 비유들 중 일부는 성경적인 것이지만(예를 들면, 탕자의 비유), 어떤 비유는 지극히 비성경적이기도 하다(이런 비유는 여기서 언급하지 않겠다). 그리고 복음의 내용을 하나로 묶는 주제들을 제시할 수도 있다. 하나님 나라나 대속, 주님과의 인격적인 관계 또는 그분의 진노, 하늘 등이 그런 주제들이다. 우리 중 어떤 이들은 신조들을 통해 복음의 내용을 요약하며, 다른 이들은 영적인 법칙들을 사용하기도 한다. 곧 '하나님은 나를 사랑하시지만, 나는 그분께 죄를 지었다. 이 때문에 예수님이 나를 위해 죽으셨으며, 이제 나는 그분을 믿기로 결단해야 한다'는 것이다. 노래와 이야기, '죄인의 기도'^{자신이} ^{죄인임을 고백하고 예수님을 구주로 영접하는 기도—옮긴이}나 유도 심문, 개인적인 간증과 알파벳 약어들을 통해 그 내용을 요약하기도 한다.

그런데 우리는 잘 언급하지 않지만, 바울의 글들에 항상 등장하는 복음에 대한 요약이 있다. 이 내용은 심지어 그가 다른 무언가에 관해 주로 서술하고 있을 때에도 나타난다. 그 줄거리는 다음과 같다. '이전에 우리는 노예들이었다. 우리는 곧 죄와 사망, 두려움, 육신, 마귀의 종이었다. 그런데 바로 그때에 하나님이 우리를 그 상태에서 건져 내셨다. 그분은 우리의 대적을 물리치셨으며, 자신의 아들이 흘리신 피를 통해 우리를 속량하셨다. 그러고는 우리로 하여금 세례의 물속을 지나게 하셨으며, 우리를 그분 자신에게로 연합시키셨던 것이다. 이제 하나님은 우리에게 그분의 성령을 베푸셔서 우리를 이끌고 인도하시며, 우리가 필요로 하는 모든 것을 공급해 주신다. 하나님이 이 모든 일을 행하신 이유는 우리로 하여금 우리 자신의 뜻대로 행하게 하려는 것이 아니라, 우리가 그분의 뜻을 받들도록 이끄시기 위함이었다. 그리고 이제 하나님은 우리를 부활과 승리에 속한 새 창조 세계, 젖과 꿀이 흐르는 그 땅을 향해 인도해 가시는 것이다.'

이 점을 달리 표현하면, 바울의 복음에 담긴 것은 하나의 출애굽 사건이었다.

우리는 갈라디아서에서 이것을 보게 된다. 이전에 우리는 하나님의 자녀이면서도, 율법 아래에 속박되어 하나님이 정하신 시기를 기다리고 있었다. 마침내 그 시기가 임했을 때, 하나님은 자신의 아들을 보내셔서 율법 아래에 있던 자들을 속량하셨다. 그리하여 우리는 그분의 자녀로 입양될 수 있었다. 우리가 그분의 자녀이기 때문에, 하나님은 그 아들이신 분의 영을 우리 마음속에 보내셔서 "아빠 아버지"라고 부르게 하셨던 것이다(갈 4:6). 이제 그 결과로서 우리는 더 이상 노예가 아니라 하나님의 자녀이며, 우리에게 약속된 유업을 상속받을 이들이 되었다. 그러니 우리는 다시금 뒤로 물러서서 노예됨의 상태에 복종해서는 안 된다! 오히려 우리는 하나님의 영이신 성령님과 동행해야 하며, 그때에 우리는 그분의 약속들을 물려받고 풍성한 열매를 누리게 될 것이다. 이는 그저 나무에 열리는 포도송이들이 아니라, 사랑과 희락, 화평을 비롯한 우리 내면의 결실들인 것이다(갈 4:1-6; 5:1, 16-24).

우리는 고린도전서에서도 출애굽에 관한 언급을 보게 된다. 그리스도는 우리의 유월절 어린 양이시며, 그분은 우리를 속량하기 위해 자신을 희생제물로 드리셨다. 그리고 '누룩 없는' 백성이 되도록 우리를 부르셨다. 우리는 그분 안에서 하나의 성전이 되었으며, 하나님은 그 성전인 우리 안에 그분의 영이신 성령님을 통해 내주하고 계신다. 여기서 우리가 기억해야 할 점이 있다. 우리의 선조인 이스라엘 백성은 모두 모세에게 속하여 구름과 바다 가운데 세례를 받았다. 그들은 모두 영적인 음식(만나/떡)을 먹었으며, 영적인 음료(물/포도주)를 마셨던 것이다. 그들이 솟아나는 물을 마셨던 그 반석은 바로 예수 그리스도이셨다. 하지만 그 백성들은 광야에서 자신들이 받은 은혜를 헛되게 만들어 버렸다. 그들은 우상들을 숭배하고 성적인 부도덕에 빠졌으며, 하나님을 시험하고 그분을 원망했던 것이다. 그리하여 하나님은 마침내 그들 중 많은 이들을 진멸하셨다. 이 일에 관해 바울은 다음과 같이 서술하고 있다. "그들에게 일어난 이런 일은 본보기가 되고 또한 말세를 만난 우리를 깨우치기 위하여 기록되었느니라"(고전 10:11, 3:16-17; 5:6-8; 10:1-13 참조).

또한 출애굽에 관한 언급은 고린도후서에서도 나타난다. 이전에 모세는 돌판 위에 계명의 조문들을 새겼지만, 지금 우리는 인간의 마음 판에 기록된 성령의 사역을 소유하고 있다. 옛 언약에 속한 모세의 사역은 일시적인 성격을 지닌 것으로서 인간에게 정죄를 가져다주었지만, 새로운 언약에 속한 우리의 사역은 영원히 지속되며 사람들을 영광으로 인도한다. 또 모세는 하나님의 영광을 그 백성이 보지 못하도록 하기 위해 자신의 얼굴을 수건으로 가렸지만, 예수님은 우리가 그 영광을 바라볼 수 있도록 그 수건을 거두셨다. 지금 우리는 이전에 모세가 그리했듯이 장막 속에 하나님의 영이신 성령님을 모시고 있지만, 언젠가 우리는 그분을 모실 집을 얻게 될 것이다. 그러니 우리는 우상들의 땅에서 벗

어나 우리 자신을 지켜 그 우상들로부터 멀어져야 한다!(고후 3:1-18; 5:1-10; 6:14-18)

　무엇보다도 출애굽에 관한 언급은 로마서에서 뚜렷이 나타난다. 이전에 우리는 모두 죄의 노예로서 율법 아래 속박되어 사망의 통치를 받고 있었다. 그러나 하나님이 예수 그리스도 안에서 우리를 속량해 주셨다(롬 3:21-26). 우리는 세례를 통해 그분과 함께 장사되었으며, 우리의 옛 주인이었던 죄는 우리 뒤에 있는 물속에서 숨이 끊어졌다(6:1-14). 그리고 우리는 새 주인이신 하나님을 섬기는 일을 통해 곧바로 기쁨을 얻었으며(6:15-23), 율법으로부터의 자유(7:1-25)와 성령 안에 있는 새 생명(8:1-11)을 체험하게 되었다. 이제 우리는 하나님의 자녀이자 상속자들로서 계속 살아가며, 그분의 영이신 성령님이 우리 안에 거하신다. 그러므로 다시 이전의 노예 생활로 돌아가서는 안 되는 것이다(8:12-17). 오히려 우리는 새로운 약속의 땅을 기대하며 바라보아야 한다. 그 땅에서는 우리의 육신뿐 아니라 창조 세계 전체가 부패에 예속된 상태에서 해방되며, 하나님의 자녀들이 상속할 것으로 늘 여겨 왔던 그 자유를 누리게 될 것이다(8:18-25). 우리는 그 미래를 염두에 두고, 하나님이 그리스도 안에서 우리에게 보여주신 사랑 가운데 견고히 머물면서 인내로써 그때를 기다려야 한다(8:26-39).[1]

　이런 내용들을 자세히 언급하는 것은 몇 가지 측면에서 유익이 있다. 부분적으로, 우리는 이런 논의를 통해 지금까지 이 책에서 근거 없는 이야기를 해온 것이 아님을 깨닫고 안심할 수 있다.

우리가 성경 전체에 걸쳐 살펴 온 출애굽의 메아리들은 바울의 글들에서도 나타나며, 그 소리들이 풍성하고 입체적인 음향으로 울려 퍼지고 있다. 그리고 그 메아리들은 바울이 전했던 복음의 핵심적인 서사적 맥락을 제공해 준다. 학자들은 종종 바울의 사상에서 가장 중심이 되는 속죄의 '모델' 또는 '이미지'가 어떤 것인지를 두고 열띤 논쟁을 벌이며, 그런 예들로는 화목이나 칭의, 승리 또는 대리 형벌 등이 언급된다. 그러나 바울이 전한 복음의 내용을 이런 식으로 제시할 때, 우리는 유월절과 출애굽의 이야기를 통해 이해된 **속량**의 언어가 적어도 다른 개념들만큼이나 중요하다는 결론을 피하기가 어렵다. 또한 기독교의 두 성례 역시 출애굽의 이야기를 반영하고 있다는 점, 곧 성찬은 유월절의 재현이며 세례는 홍해가 갈라진 사건을 재현하는 일이라는 점을 감안할 때, 어쩌면 그 언어가 다른 개념들보다 더 중요하다고까지 할 수 있다.[2]

이처럼 출애굽의 성격을 띤 바울의 복음은 또 하나의 도전을 우리 앞에 제시하며, 이 도전은 위의 네 서신 모두에서 분명한 형태로 드러난다. 바울에 따르면, 하나님이 우리를 노예 상태로부터 해방해 주신 것은 우리가 그 이후로 다른 누구도 섬기지 않도록 하기 위함이 아니었다(이는 결국 우리 자신을 섬기는 일과 마찬가지가 되었을 것이다). 오히려 그 목적은 우리로 하여금 그분을 섬기게 하시려는 데 있었다. 이 서신들을 비롯한 자신의 여러 글에서 바울은 출애굽 이야기를 가지고서 우리 그리스도인들이 지닌 자유뿐 아니라 우리의 책임 역시 일깨우고 있다. 곧 "굳건하게 서서 다시는 종의 멍에를 메지 말라", "우상 숭배하는 일을 피하라", "믿지 않는 자와 멍에를 함께 메지 말라", "죄에 대하여 죽은 우리가 어찌 그 가운데 더 살리요?" 등이 그렇다(갈 5:1, 고전 10:14, 고후 6:14, 롬 6:2).

다른 사도들 역시 출애굽의 이야기를 이와 비슷한 방식으로 사용하고 있다. 곧 그들은 이 이야기를 가지고서 그리스도인들이 계속 믿음 안에서 나아갈 것을 격려하며 그 길에서 벗어나지 않도록 주의를 주고 있는 것이다. 유다는 예수님이 한 백성을 이집트로부터 구해 내셨지만(여기서 우리는 **예수님이** 그 일을 행하셨다는 것을 그가 당연하다는 듯이 언급하는 점을 눈여겨볼 수 있을 것이다, 유 1:5) 이후에는 그 가운데서 그분을 믿지 않는 이들을 진멸하셨다는 점을 자신의 독자들에게 일깨우고 있다.[3] 히브리서의 경우, 이스라엘 백성이 모세의 인도 아래 이집트를 떠났지만 그들 중 많은 이들은 강퍅한 마음을 품고서 불신앙과 반역에 빠지게 되었다는 점을 지적한다. 그러므로 우리가 그런 이들이 받았던 것과 동일한 심판에 직면하기를 원하지 않는다면, 마침내 '안식에 들어가게' 되기까지 믿음 안에서 힘써 전진해야만 하는 것이다. 이는 그 일 때문에 우리가 감금과 배척, 치욕을 겪어야만 할지라도 그러하다(히 4장). 그러므로 출애굽의 이야기는 하나님이 우리를 위해 행하신 일들을 보여주는 한 폭의 아름다운 그림과도 같다. 이와 동시에 그 이야기는 이에 대한 응답으로 우리가 행해야 할 일들을 제시하는 하나의 도전적인 그림이기도 한 것이다.

이 점은 출애굽기에서는 잘 드러나지 않지만 실제로는 기독교 제자도의 핵심에 놓여 있는 한 진리를 우리에게 보여준다. 바로 이스라엘 백성이 이전의 주인을 섬기는 데에서 해방된 이유는 곧 **새로운 주인이신 분을 섬기게** 하려는 데 있었다는 것이다. 하나님이 이집트에 재앙들을 보내시고 바로와 대결하시며, 이스라엘 백성으로 하여금 홍해를 건너게 하시고 불 가운데 그들 앞에 임재하신 이유는 그들이 제멋대로 다니면서 그들 마음대로 행하게 하시려는 것이 아니었다. 오히려 그 이유는 백성들이 그분을 "섬기게" 하시려는 데 있었다(출 7:16; 8:1, 20; 9:1, 13; 10:3). 사실 출애굽기에서는 노예됨과 자유 사이의 대비보다, 바로의 노예인 상태(우리는 그 점을 미처 알아채지 못할 수도 있다. 당시의 이집트인들 역시 이런 상태에 처해 있었다!)와 우리 주님을 섬기는 일 사이의 대조가 더욱 본질적으로 제시되고 있다.[4] 그러므로 출애굽 이야기의 문맥 안에서 살필 때, '아무도 섬기지 않는 일은 하나의 선택지가 될 수 없다'고 말할 수 있는 것이다.

당시의 이스라엘 백성은 누군가를 섬기지 않고서는 자신들의 삶을 이어 갈 수 없었으며, 이는 지금의 우리 역시 마찬가지이다. 한 축구팀에서 어떤 선수를 영입할 때, 그 팀은 어딘가에서 자기 마음대로 경기를 즐기도록 하기 위해 그를 이전의 고용주로부터 해방시켜 주는 것이 아니다. 그 팀은 그 선수가 자신들을 위해 시합에 나서도록 하기 위해 영입하는 것이다. 축구 선수들의 경우, 자신이 참여할 팀이 없이는 그 운동 능력을 발휘할 수 없기 때

《 4악장: 위대한 구원 》

문이다. 예배자의 속성을 지닌 인간 존재 역시 이와 마찬가지이다. 우리는 모두 누군가를 예배하도록 지음 받은 존재들이며, 만일 그 대상이 없을 경우에는 반드시 새로운 주인을 찾아 나서게될 것이다. 이는 그 존재가 설령 우리를 죽음으로 몰고 간다 해도마찬가지이다. 출애굽 당시의 금송아지 사건이 지녔던 비극적인성격 중 하나가 바로 이것이다. 곧 그 백성이 하나의 거짓된 신(바로)을 섬기는 일을 멈췄을 때, 그들은 곧바로 또 다른 거짓된 신(우상)을 섬기기를 원하게 되었다. 데이비드 포스터 월리스는 이 진리를 다음과 같은 유명한 말로 표현한 바 있다.

> 날마다 치열한 투쟁이 벌어지는 우리의 삶 속에서, 무신론과 같은것은 실제로 존재할 수가 없다. 곧 우리가 아무에게도 경배하지 않는 일은 있을 수 없는 것이다. 모든 사람은 누군가를 경배할 수밖에없다. 우리가 지닌 유일한 선택권은 어떤 대상에게 경배할 것인지를 택하는 데 있을 뿐이다. 그리고 우리가 경배할 어떤 종류의 신 또는 영적인 성격의 일들(그것이 예수 그리스도 또는 알라신이든, 여호와하나님 또는 현대적인 주술 숭배의 어머니 여신이든, 또는 불교의 사성제이거나 어떤 깨뜨릴 수 없는 일련의 윤리적인 원리들이든 간에)을 선택하게되는 중요한 이유 중 하나는, 다른 어떤 존재들을 경배의 대상으로택할 경우에 그 존재들은 우리를 산 채로 삼켜 버리고 말리라는 데있다.[5]

이것은 바로 출애굽 당시의 이스라엘 백성이 발견했던 진리였다. 그리고 히브리서와 유다서에서는 각 지역의 교회들에게 이 점에 관해 주의를 주었던 것이다. 여호수아가 이스라엘 백성을 향해 "너희가 섬길 자를 오늘 택하라"라고 촉구했던 의도 역시 여기에 있었다(수 24:15). 이는 그들이 결국에는 어떤 대상을 섬기게 될 것이며, 다만 문제는 그 대상이 누구인지에 있음을 그가 알았기 때문이다. 로마서 6장에서 바울은 이 진리를 더욱 직설적으로 제시하고 있다. 그에 따르면, 우리는 모두 누군가를 섬기는 종들이라는 것이다. 우리는 죄를 섬겨 사망에 이르게 되든지, 순종의 길로 나아가서 의에 이르게 되든지 둘 중 하나이다. 세상의 바로를 섬기는 자들은 짐승 같은 존재가 되어 멸망하고 만다. 그러나 주님을 섬기는 이들은 존귀한 제사장이 되어 번성하게 되는 것이다.

약 450년 전에, 한 무리의 신학자들이 종교개혁의 신학을 문답식으로 설명하는 문서를 만들기 위해 독일 하이델베르크에 모였다. 당시 그들이 작성한 첫 번째 질문은 다음과 같다. "삶과 죽음 가운데서 나의 유일한 위로가 되는 것은 무엇입니까?" 그리고 이 질문에 대한 그들의 답은 기독교 신학의 역사 가운데서 가장 아름다운 문단 중 하나가 되었다. 그 글에는 이 장에서 지금까지 우리가 살펴 온 '주인의 교체'에 관한 두 진술과 함께, 출애굽의 성격을 지닌 복음에 대한 바울의 비전이 담겨 있다('대가를 치르셨습니다', '폭정에서 해방하셨습니다'). '내가 지닌 유일한 소망은 무엇일까?'라는 우리의 고민에 대해, 그들은 이렇게 답하고 있다.

[그 소망은 곧] **내가 나 자신의 것이 아니며**, 삶과 죽음 가운데서 내 몸과 영혼이 신실한 구주이신 예수 그리스도께 속한다는 것입니다. 그분은 자신의 보혈로써 내 모든 죄의 대가를 온전히 치르셨으며, 나를 마귀의 폭정에서 해방해 주셨습니다. 그분은 또한 하늘에 계신 내 아버지의 뜻이 없이는 머리카락 하나도 상하지 않도록 나를 돌보아 주십니다. 그리하여 모든 일들이 나의 구원을 위해 협력하게 되는 것입니다. **내가 그분의 소유이기에**, 그리스도는 그분의 영이신 성령님의 사역을 통해 나에게 영생을 보증해 주십니다. 그리고 나로 하여금 이제부터는 전심으로 그분을 위해 살기를 기꺼이 바라고 준비하게 하시는 것입니다.[6]

이처럼 그리스도는 우리를 위해 값을 치르시고 마귀의 압제에서 해방하셨으며, 우리를 돌보시고 영생을 보증해 주신다. 그리고 무엇보다도 우리는 그분의 소유인 것이다.

1. 로마서에서는 어떤 식으로 출애굽의 틀을 사용해 우리가 얻은 구원의 내용을 제시하고 있는가?

2. 출애굽의 성격을 지닌 구원의 제시는 우리에게 어떤 경고와 도전을 주는가?

3. 바울은 어떤 식으로 자신이 전하는 출애굽의 복음을 '-로부터의 구출'로서 제시하고 있는가? 또 어떤 식으로 자신이 전하는 그 복음을 '-를 위한 구출', '-를 향한 구출'로서 제시하고 있는가?

≫ 생각을 위한 질문 ≫

1. 고린도전서 10장에서는 과거에 이집트에서 건겨 냄을 받았던 이스라엘 백성과 당시의 교회 사이의 관계를 어떤 식으로 제시하고 있는가?

2. 고린도후서 3:7-18에서는 이전의 모세나 이스라엘 백성과 그리스도인들을 어떤 식으로 비교 및 대조하고 있는가?

3. 출애굽의 주제는 히브리서 전체에 어떻게 나타나고 있는가? 이사야 63:11-14과 히브리서 13:20-21의 내용을 서로 비교할 때, 우리는 무엇을 배우게 되는가?

22

만물의 출애굽

[[요한계시록]]

성경에 기록된 모든 출애굽은 불완전하다. 마지막 출애굽만 제외하고 그러하다. 창세기의 족장들은 고향 땅을 떠났다가 부자가 되어 돌아왔지만, 그들의 후손들은 낯선 나라의 노예가 되고 말았다. 모세는 이스라엘 백성을 이끌고서 이집트를 벗어났지만, 그 백성들은 광야에서 죽고 말았다. 여호수아는 이스라엘 백성을 인도하여 약속의 땅에 들어갔지만, 그곳에는 가나안 족속들이 여전히 있었다. 다윗과 솔로몬은 마침내 그 땅을 확보하고 성전을 건축했지만, 그들의 통치 이후에는 이스라엘이 둘로 나뉘었다. 이스라엘 백성은 바벨론 제국의 포로로 잡혀 갔다가 다시 그 땅에 돌아오게 되었지만, 그 백성의 우상 숭배는 지속되었다. 예수님은 사망의 심연으로 들어가셨다가 승리자가 되어 다시 나타나셨지만, '약속의 땅'을 정복하는 일이 거의 시작되기도 전에 그곳을 떠나셨다. 교회는 성령의 능력 안에서 전진해 나갔지만, 서신서들에서 뚜렷이 보여주듯이 그 공동체는 여전히 광야에 머물면서 최종적인 안식을 기다리는 상태였다. 곧 교회는 "사망이 숨을 거두고 지옥이 무너진 뒤, 가나안 땅 저편에 무사히 다다르게" 될 날을 고대하고 있었던 것이다.[1] 이처럼 출애굽의 곡조가 마침내 완성되었다고 여겨질 때마다, 우리는 다시금 그 상황 속에 추가적인 문젯거리가 등장하는 것을 발견하게 된다. 곧 또 다른 불협화음이 그 곡조에 끼어드는 것이다. 이때의 흐름은 마치 다음과 같다. '출애굽이 이루어졌지만, 다시 이런 일이 생겨났다. 그리고 또다시 출애굽이 이루어졌지만, 또 이런 문제가 찾아왔던 것이다.'

이런 흐름은 요한계시록에 이르기까지 지속되었다. 그리고 계시록에 기록된 최후의 출애굽 이야기에서, 마침내 그 곡조가 온전한 화음을 이루게 되었다. 이때의 이야기에서는 승리하신 하나님께 속한 자녀들의 인도를 따라, 창조 세계 전체가 이전에 처해 있던 노예 상태를 벗어나게 된다. 그러고는 늘 그 세계의 지향점이 되어 왔던 영광스러운 자유 가운데로 들어가게 된다. 그리고 마침내 이 세계는 영원한 기쁨과 자유를 누리게 된다. 이제는 더 이상 우리가 치러야 할 전쟁도, 제거해야 할 우상도 남아 있지 않다. 하나님 앞에 죄를 범한 아간이나 바로도, 무너뜨려야 할 여리고 성이나 아이 성도 더는 존재하지 않는다. 여호와의 군대 대장이 이 세계에 자리를 잡으며, 하나님의 대적인 용은 심연으로 내

《 4악장: 위대한 구원 》

던져지게 된다. 그리고 사악한 도성은 마침내 무너지게 되는 것이다. 이제 이 세계에 남게 되는 것은 무성한 포도나무와 무화과나무들이 줄 지어 있는 언덕들, 젖과 꿀이 흐르는 땅, 공의와 기쁨, 그리고 맑은 물이 샘솟으며 감미로운 포도주가 흘러넘치는 강들뿐이다.

요한계시록 전체의 이야기는 출애굽의 형태를 띠고 있다. 앞선 모세의 이야기와 마찬가지로, 이 계시록의 이야기는 우리의 경외심을 불러일으키는 하나님에 대한 환상들과 함께 시작된다(1, 4장). 이와 더불어 당시의 교회들이 겪고 있던 고난의 끝에 임할 구원의 약속들이 제시된다(2-3장). 이 구원은 출애굽 때의 유월절 양과 같이 '죽임을 당하신 어린 양'을 통해 이루어졌는데, 그분은 곧 하나님께 속한 백성들의 부르짖음에 대한 응답으로 임하셔서 그들을 환난 가운데서 속량하시며 왕과 제사장들로 삼으시는 분이다(5장). 이때 이스라엘 백성은 하나님의 인 치심을 받았으며, 이로써 장차 세상에 임할 심판을 벗어나게 되었다(7장). 또 (이전에 이집트에서 있었던 것과 같은) "큰 환난에서 나오는" 자들 가운데는 (이전의 이스라엘 백성과 같은) 각 지파와 족속에 속한 이들이 포함되어 있었으며, 그들은 (이전의 모세와 같은) 한 목자의 인도를 받아서 (이전의 출애굽 때에 있었던 일과 같이) 생명수 샘물로 나아가며 하나님의 성전에서 그분을 섬기게 되었다.

출애굽 당시의 시내 산과 마찬가지로, 이 계시록의 이야기에서 하나님의 보좌는 천둥과 번개, 지진과 연기, 그리고 나팔 소리와 함께 우리 앞에 나타나고 있다(계 8장). 또 이 이야기에서는 (이전의 모세나 아론과 같이) 두 증인들이 하나님의 말씀을 전하도록 보냄을 받았는데, 그들은 악한 통치자와 마술을 행하는 거짓 선지자에게 핍박을 받았다(11, 13장). 그런 다음에는 하늘로부터 재앙들이 임했으며, 그 가운데는 물이 피로 변하는 일과 개구리들로 인한 재앙, 악성 종기와 거대한 우박, 메뚜기들과 흑암 때문에 생긴 재앙들이 포함되어 있었다(9-16장).[2] 그리고 이 우주적인 투쟁이 전개되어 감에 따라, (이전의 바로와 같은) 용이 (이전의 모세와 같은) 한 여인에게서 난 남자아이를 죽이고 (이전에 홍해에서 있었던 일처럼) 그녀를 강에서 멸절시키려고 시도하게 된다. 하지만 그 여인은 독수리의 날개를 타고서 광야로 몸을 피했으며, 그 용은 땅 아래로 내던져지고 어린 양의 피로써 패배를 당했다(12장). 이같이 승리했을 때 하나님의 백성들은 "하나님의 종 모세의 노래, 어린 양의 노래"를 불렀으며(계 15:3), 여기서 우리는 장막이 열리는 모습을 보게 된다(15장). 그리고 끝으로, 이 계시록의 이야기에서는 이전의 여호수아서에서와 같이 약속의 땅이 정복되는 일들이 나타난다. 곧 일곱 번의 나팔 소리가 울린 후에, 우리는 음녀가 살고 있던 사악한 도성이 무너지는 모습을 보게 되는 것이다(17-18장). 그러고는 주님의 군대 장관에 의해 대적들이 패배를 당하며(19-20장), 마침내 새로운 약속의 땅과 새 도성, 그리고 새 성전이 온전히 드러나게 된다(21-22장).

성경이 이런 식으로 마무리되는 것은 완벽한 방식이다. 이는 단지 이를 통해 줄거리상의 문제가 해결되고, 그럼으로써 우리가 온전한 확신을 품고서 "그 이후로 그들은 모두 늘 행복하게 살았습니다"라고 말할 수 있게 되기 때문만은 아니다. 그 이유는 성경의 결론 부분이 만물의 출애굽으로 마무리됨으로써, 우리가 이제껏 읽어 온 성경의 이야기가 어떤 유형에 속한 것이었는지를 알게 되기 때문이다. 성경은 하나의 속량 이야기이다. 그 이야기 속에 담긴 것은 우주적인 출애굽이며, 그 출애굽의 범위는 에덴동산에서 시작되어 마침내 새 예루살렘에 이르기까지 확대된다. 우리가 이 책에서 살펴 온 모든 출애굽의 이야기들, 곧 정치적이고 지리적이며 영적이고 예전적인 성격을 지닌 그 이야기들은 하나의 포괄적인 출애굽 이야기 안에 담겨 있다. 그리고 그 포괄적인 이야기는 오직 그리스도께서 재림하실 때에 그 완성에 이르게 된다. 때로는 우리가 아무 진전이 없이 제자리걸음만 하거나 '짚이 없이 벽돌을 만들고', 오랜 세월 동안 죄와 사망에 속박되어 고통스럽게 시달리면서 누군가 우리를 도와주기를 간절히 부르짖는 것처럼 여겨질 수도 있다. 이는 우리가 실제로 그런 상태에 놓여 있기 때문이다. 우리의 조상인 아담이 죄를 범했을 때 우리는 본향을 떠나 죄에 예속된 상태가 되었으며, 그 후로는 그곳으로 다시 돌아갈 수 있기를 간절히 바라게 되었다.

그리고 이런 상태에 놓여 온 것은 바다와 숲들 역시 마찬가지이다. 이 점에서 로마서 8장에 담긴 바울의 가르침은 특별히 중요하다. 그에 따르면, 하나님이 이루실 속량을 기다리는 것은 인간 존재들뿐이 아니다. 오히려 **창조 세계 전체**가 "썩어짐의 종노릇한 데서 해방되어 하나님의 자녀들의 영광의 자유에" 이르게 되기를 고대하고 있다는 것이다(21절). 곧 우리는 **만물**의 출애굽을 기대하면서 바라보고 있다. 예전에 에덴동산을 떠나 이집트로 향했을 때, 우리는 삼나무와 황새치, 바다오리들을 데리고서 그 길을 갔던 것이다. 우리가 지배권을 부여받은 물리적인 세계 역시, 우리와 마찬가지로 추방과 깨어진 **화평**의 결과들에 시달려야만 했다. 마치 산고를 겪는 여인처럼, 지금은 창조 세계 전체가 심한 고통 가운데서 부르짖고 있다. 곧 그 세계는 자신이 겪는 진통이 끝나고 새로운 창조 세계가 옛 세계의 내부로부터 펼쳐져 나오게 될 날을 고대하고 있는 것이다.

마침내 참되고 더 나은 여호수아이신 예수님이 다시 오셔서 우리를 요단 강 건너편으로 인도해 가실 때, 창조 세계의 아름다움 역시 돌아오게 될 것이다. 이때 우리는 현대판 노아가 된 것처럼 형형색색의 다양한 동물과 식물군을 이끌고서 강바닥에서 일어서게 될 것이다. 당시 노아는 어두운 방주 바깥으로 나와 밝은 햇빛 아래서 눈을 깜빡거리는 동안, 땅 위의 물들이 물러가 더 이상 바다가 아닌 모습을 발견하게 되었다. 이때 우리는 새 예루살렘뿐 아니라 새 하늘과 새 땅 역시 바라보게 될 것이며, 이 세상이 겪었던 진통은 그럴 만한 유익이 있었던 일이 되는 것이다. 바울의 말처럼, 이때에 우리가 누리게 될 영광의 무게는 지금 우리가 겪는 가볍고 일시적인 괴로움들을 사소한 것으로 보이게 한다. 톨

킨의 말처럼, 우리가 겪었던 모든 슬픔은 이때에 그 힘을 잃게 되는 것이다.[3] 루이스의 말처럼, 이때에 이전의 꿈은 끝이 나고 아침이 찾아오게 된다.[4] 그리고 도스토옙스키의 말 역시 옳았음이 드러나게 되는 것이다.

> 이 세상이 마침내 막을 내리고 영원한 조화가 찾아오는 순간에, 무언가 귀중한 가치를 지닌 일이 나타나게 될 것이다. 그럼으로써 모든 사람의 마음이 만족을 얻으며, 인간의 모든 억울함이 위로를 받게 된다. 그리고 인류가 저지른 모든 범죄가 속함을 입으며, 그들이 흘린 모든 피가 씻김을 받는 것이다. 이로 인해 그때에는 이제껏 이 세상에서 벌어졌던 모든 일들을 용서하는 것뿐 아니라, 그 일들의 정당성을 입증하는 일까지 가능해지게 될 것이다.[5]

이때에는 사망이 우리가 거둔 승리 안에 삼켜지게 된다. 이전에 우리를 괴롭히며 위협하던 대적이 제거되며, 그의 모든 군대 역시 그와 함께 멸절된다. 이때 온 세상은 우리 앞에 전혀 다른 모습으로 나타난다. 높은 고층 건물들은 싱그러운 열매들이 맺히는 과수원으로 바뀐다. 아이들은 더 이상 이웃 사람들이나 잠재적인 약탈자들에 대한 두려움 때문에 집 안으로 숨지 않고 길거리에서 활짝 웃으며 뛰논다. 사막에는 꽃이 피고, 산과 언덕들은 기쁨의 노래를 부른다. 들판의 나무들도 그 노랫가락에 맞추어 손뼉을 친다. 다시는 사망이 없고 애통하는 일이나 곡하는 일이나 아픈 일이 있

지 않을 것이니, 이는 처음 것들이 다 지나갔기 때문이다. 더 높은 곳으로, 더 깊은 곳으로!⁶

　"이것들을 증언하신 이가 이르시되 내가 진실로 속히 오리라 하시거늘 아멘 주 예수여 오시옵소서"(계 22:20).

1. 요한계시록의 전반적인 줄거리는 어떤 식으로 출애굽의 이야기를 상기시키는가?

2. 요한계시록에서는 출애굽의 범위를 어떤 식으로 확대시키고 있는가?

3. 우리 앞에 새롭게 주어진 약속의 땅은 어떤 성격을 지니는가?

≫ 생각을 위한 질문 ≫

1. 여호수아, 라합 그리고 여리고 성이 무너진 이야기는 요한계시록에서 음녀의 도시가 파멸을 맞은 일이나 그 도시와 주님의 신부인 교회 사이의 관계를 이해하는 데에 어떤 도움을 줄 수 있는가?

2. 요한계시록의 결론 부분은 어떤 면에서 우리를 에덴동산으로 다시 돌아가게 하는가? 출애굽과 에덴동산의 주제들은 어떤 식으로 서로 연관되어 있는가?

3. 요한계시록에서 묘사되는 영광스러운 시온 산은 출애굽기의 시내 산과 어떤 면에서 유사한가? 또 이 두 산은 어떤 면에서 서로 차이가 있는가?

출애굽을 살아내기

교회에 주어진 과업은 여러 가지 방식으로 진술할 수 있지만, 내가 선호하는 표현은 이것이다. '우리는 출애굽의 메아리들이 더크게 울려 퍼지도록 하기 위해 부르심을 받았다.' 우리는 이 웅대한 이야기의 한가운데 서서 그 내용을 증언할 책임과 특권을 부여받은 이들이다. 일상을 분주히 살아가는 우리 주위의 사람들은 성경에서 언급되는 바로나 재앙들, 하늘에서 주어졌던 만나 또는 깊은 물속에 잠긴 병거들에 관해 잘 알지 못하고 있다. 이런 상황에서 교회의 과업 중 일부는 성경에 담긴 속량의 음악이 더욱 큰 소리로 울려 퍼지도록 함으로써 그들이 (그리고 우리도) 그 음악을 온전히 알아들을 수 있게 하는 것이다.

우리가 이 과업을 수행하는 가장 분명한 방식은 성례들을 행하는 것이다. 여기서 생각할 점은, 예수님이 그분의 몸인 교회에 두 가지 성례를 주셨으며 이것은 모두 출애굽을 재현하는 행위라는 것이다. 세례 시에는 우리의 옛사람이 장사된 것과 우리가 사망에서 생명으로 옮겨 온 일, 그리고 우리의 대적들이 깊은 물속에 수장된 일을 기념하게 된다. 성찬 시에는 하나님이 어린 양의 피를 통해 우리를 죄와 사망의 노예 상태에서 속량하신 일을 기억하게 된다. 이를 통해 하나님은 우리를 그분 자신에게 연합시키셨으며, 우리들 간에도 그 연합이 이루어지게 하셨다. 그러므로 누군가에게 세례를 베풀거나 성찬에 참여할 때마다, 우리는 우리 자신과 주위의 세상을 향해 우리 모두 그 노예 상태를 경험한 이들임을 증언하게 된다. 그리고 우리는 젖과 꿀이 흐르는 땅을 향한 소망을 품고서 살아가는 것이다. 이스라엘 하나님은 우리를 죄와 사망에 매인 노예 상태에서 해방하시고 그 약속의 땅으로 행진하도록 인도하시기 위해 이 세상에 강림하셨다.

우리는 이 성례들에 관해 더 많은 내용을 언급할 수 있다. 세례 시에 우리는 우리가 이집트의 바로와도 같은 죄의 통치로부터 해방되었음을 선포할 뿐 아니라, 이제 하나님을 섬기는 제사장들의 나라에 속한 자로서 새로운 정체성을 갖게 되었음을 고백하게 된다. 세례 시에 우리는 구약에서 약속된 선지자, 곧 모세보다도 더 크신 그분과 합하여 세례를 받게 되는 것이다. 세례 시에 우리는 우리가 새로운 백성, 곧 하나님이 행하신 구원을 통해 거듭난 수많은 무리 가운데 참여한 이들임을 드러내 보이게 된다. 이때 우리는 성령의 기둥으로 인도함을 받아서 새로운 창조 세계를 향해 나아가게 된다. 그리고 세례 시에 우리는 창조의 둘째 날과 셋째 날에 나뉘었던 것들과 동일한 물로써 씻김을 받으며, 노아의 홍수 때에 있었던 물을 지나서 얍복 강가의 시험을 통과하고 홍해에서 건짐을 받게 된다. 또 우리의 몸에 장차 있을 부활의 표지가 주어지며, 새로운 창조 세계 안으로 들어갈 사람임을 확인받게 된다. 이때 우리는 앞서 노아와 아브라함, 이삭과 야곱, 요셉과 모세, 이스라엘 백성과 룻, 한나와 사무엘, 다윗과 솔로몬, 엘리야와 엘리사, 이사야와 예레미야, 에스겔과 에스더, 에스라와 느헤미야가 걸었던 것과 동일한 길을 걷게 된다. 우리가 걷는 길은 예수 그리스도의 길, 곧 출애굽의 길이다.

성찬에 관해서도 이와 유사한 내용을 언급할 수 있다. 성찬을 행할 때마다 우리는 예수님이 제자들과 함께 마지막 만찬을 하셨던 **그날 밤**으로 되돌아가게 된다. 이뿐 아니라, 그 만찬보다 앞서 있었던 여러 출애굽과 유월절의 사건들을 회상하게 된다. 그러므로 예수님이 우리에게 주신 다음의 말씀은 충분한 이유를 지닌 것이었다. "이것을 행하여 마실 때마다 나를 기념하라"(고전 11:25). 성찬 시에 우리는 미래에 우리를 기다리고 있는 일을 향해 이끌림을 받게 된다. 이는 곧 위대한 혼인 만찬이며, 지금 우리가 먹고 마시는 성찬의 떡과 포도주는 그 잔치에 대한 전채 요리 역할을 한다. "내가 포도나무에서 난 것을 이제부터 내 아버지의 나라에서 새것으로 너희와 함께 마시는 날까지 마시지 아니하리라"(마

26:29). 바울은 이렇게 표현했다. "너희가 이 떡을 먹으며 이 잔을 마실 때마다 주의 죽으심을 그가 오실 때까지 전하는 것이니라"(고전 11:26).

이같이 성례에 참여할 때, 우리의 몸은 구속의 리듬에 몰입하게 된다. 이는 곧 우리가 과거에 받은 구원을 상기시키면서 장차 주어질 또 하나의 구원을 내다보는 리듬이다. 이 점을 달리 표현하면, 우리는 이제까지 이 책에서 살펴 온 성경의 음악을 **귀로 듣기만** 하는 것이 아니라 우리 자신이 그 곡조에 **참여하기도** 하는 것이다. 이 일은 우리가 성찬에 참여하며 서로에게 세례를 베푸는 일을 통해 이루어진다. 성경의 음악은 우리의 영혼을 감동시키며, 우리 몸에 생기를 불어넣는다. 그리하여 우리는 그 곡조의 일부분이 되며, 그 곡조는 우리의 일부분이 되는 것이다. 이때 우리는 성경의 교향곡 속으로 들어가게 된다. 이는 그 노래가 이전에 존재했던 **그들의** 것일 뿐 아니라 지금 **우리의** 것이기도 하기 때문이다. 성찬의 떡을 떼며 잔을 나누는 동안, 우리는 여호수아와 갈렙이 되어 이전에 있었던 유월절 식사를 기념하고, 에스골 골짜기의 포도를 맛보면서 장차 주어질 포도주를 즐기게 된다. 그리고 세례의 물속을 통과하는 동안 우리는 홍해의 건너편 강둑에 서 있는 모세와 미리암의 무리에 합류하여 하나님이 이제까지 행하신 일들과 앞으로 행하실 일들을 찬미하게 된다. 이때 우리는 홍해의 바닷물을 둘로 가르셨던 하나님이 요단 강에서는 그 일을 더욱 쉽게 행하실 것임을 확신하게 된다.

기독교적인 음조로 조옮김된 출애굽의 이 상징적인 연주는 우리가 매주 드리는 예배의 나머지 부분들을 통해 더욱 구체화되고 그 소리가 확대된다. 예배 시에 우리는 속량과 구출의 노래들을 부른다. 구원을 간구하는 우리의 부르짖음을 들으시는 하나님께 기도한다. 그분이 능력 있게 행하시는 일들에 감사한다. 하나님께 속한 백성들의 이야기를 읽고 연구한다. 그분의 집을 위해 예물을 드린다. 그리고 우리는 이 여정이 아직 끝나지 않았음을 알기에, 성령의 능력 안에서 다시 세상으로 파송을 받는다.

우리는 매일의 삶을 광야에서 살아간다. 우리에게 필요한 물과 의복, 일용할 양식을 공급해 주시는 하나님께 의존한다. 하나님의 임재가 있는 구름이 어디로 이동하든지 간에 그 뒤를 따른다. 우리는 세상의 떡으로만 사는 것이 아니라, 하나님의 입에서 나오는 모든 말씀에 힘입어서 살아간다(마 4:4). 우리는 우상 숭배나 그 일에 수반되는 다른 모든 죄악들, 곧 성적인 부도덕과 불의, 탐욕과 술 취함, 반역과 불평, 불신앙 등을 의절한다. 우리는 주위의 사람들에게 속량의 복음을 전해야 한다. 핍박에 직면하면, 그 핍박에 맞서 굳건히 서야 한다. 하나님께 속한 백성의 대적들(아말렉 족속)로부터 핍박이 올 수도 있고, 종교적인 사기꾼들(발람)이나 죄를 향한 유혹(모압 족속), 또는 우리 자신의 육신으로부터 핍박이 오기도 한다. 하지만 어떤 경우든, 우리는 그 핍박에 꿋꿋이 맞서야 한다. 그리고 주님을 알지 못하는 이들을 대면하게 될 때, 출애굽 당시에 모세가 호밥을 초청했던 것처럼 그들을 그분께

《 종결부: 출애굽을 살아내기 》

로 인도해야 한다. "우리와 동행하자. 그리하면 선대하리라. 여호와께서 이스라엘에게 복을 내리리라 하셨느니라"(민 10:29).

우리는 또한 오랜 세월에 걸친 압제로부터 근래에 풀려난 이들로서 이 세상을 살아간다. 그러므로 우리는 가난한 이들의 처지를 우선시하며, 학대와 괴롭힘을 당하는 이들, 억류되고 권리를 빼앗긴 이들, 어딘가에 예속되고 사람들에게 잊히며 고립된 이들, 증오와 무시를 당하는 이들, 판단의 대상이 되는 이들과 죽임 당하는 이들, 사적인 제재를 당하고 주변부로 밀려나는 이들의 입장을 옹호하게 되는 것이다. 출애굽의 백성인 우리는 힘을 가진 이들에 의해 짓밟히는 일이 어떤 경험인지를 안다. 그러므로 소수민족이나 노예들, 인신매매를 당하는 여성들, 가난한 이들, 태아, 난민, 노숙자, 장애인, 체류자, 고아, 과부들이 학대에 시달리는 것을 볼 때마다 행동에 나서게 된다. 우리는 그들의 입장을 대변하고, 기도하고, 초대하고, 베풀며, 때로는 그들을 위해 가두 행진에 나설 수도 있다. 이처럼 우리는 힘을 갖지 못한 이들의 유익을 위해 우리가 지닌 힘을 활용해야 하는데, 이는 우리가 체험한 출애굽은 우리 자신만을 위한 것이 아니기 때문이다. 출애굽을 통해 자유롭게 된 이들은 다시금 다른 사람들을 자유롭게 만드는 일에 헌신해야 한다.

그리고 우리는 다른 이들에게 이 출애굽의 이야기를 전해야 한다. 우리의 자녀들에게 들려줄 뿐 아니라, 각자의 집 문설주에도 그 내용을 기록해 두어야 한다. 출애굽의 하나님은 불변하시며

"스스로 있는" 분이시다. 그분은 고센 땅과 아라랏 산, 바벨론과 예루살렘에서 자신의 백성들과 함께 계셨으며, 미래에도 늘 우리와 함께하실 것이다. 하나님은 우리를 이집트 바깥으로 이끌어 내어 약속의 땅으로 인도해 들이시며, 그 땅으로 돌아올 때에는 처음 나섰을 때보다 더욱 풍성한 소유를 누리고 있음을 우리는 항상 발견하게 된다. 언젠가는 다시금 요단 강이 갈라지고 나팔 소리가 울리며, 세상의 권력자들이 무너지며, 포도나무가 끝이 보이지 않을 만큼 뻗어 나가게 될 것이다. 하지만 그때가 오기까지 우리는 그날을 고대하고, 과거에 이집트로부터 건짐 받은 일을 돌아보며, 다음의 노래를 불러야 하는 것이다.

> 내가 여호와를 찬송하리니 그는 높고 영화로우심이요
>
> 말과 그 탄 자를 바다에 던지셨음이로다
>
> 여호와는 나의 힘이요 노래시며
>
> 나의 구원이시로다
>
> 그는 나의 하나님이시니 내가 그를 찬송할 것이요
>
> 내 아버지의 하나님이시니 내가 그를 높이리로다(출 15:1-2).

≪ 복습을 위한 질문 ≪

1. 세례는 어떤 식으로 출애굽을 선포하는가? 세례는 어떻게 우리를 속량의 이야기에 담긴 음악 속으로 인도하는가?

2. 성찬은 어떤 면에서 뒤를 돌아보게 하는 동시에 앞으로 나아가게 하는가?

3. 출애굽은 우리의 선교 사역에 어떤 영향을 끼치는가?

≫ 생각을 위한 질문 ≫

1. 출애굽의 주제들은 우리의 삶에 속한 서로 다른 영역들, 곧 개인과 교회, 사회와 국가적인 영역들 안에서 어떤 식으로 재현되는가?

2. 우리가 출애굽이라는 음악에 몰입할 때, 성경을 읽고 듣는 방식들은 어떤 형태로 바뀌게 되겠는가?

3. 어떻게 하면 우리의 삶을 좀 더 '음악적인' 것, 곧 하나님이 행하신 위대한 구원의 선율이 지닌 긴장과 해소가 가득 찬 것으로 만들어 갈 수 있겠는가?

주

전주곡

1. 이런 경향은 다음의 경우처럼 우스운 오류를 낳게 되기가 쉽다. 예를 들어, "나는 우유를 사러 가게에 갔다"라는 말이 일종의 출애굽 이야기가 되어 버리는 것이다. '이때 나는 노예로 있던 집을 떠나서 홍해와도 같은 길을 건너고, 계속 나아가서 내 유업을 물려받게 된다(젖이 흐르는 땅?). 그러고는 처음 길을 나섰을 때보다 더 많은 것을 지니고서 고향으로 돌아오게 된다.' 궁극적으로는 이렇게 유치한 비유와 이 책에서 우리가 제시할 내용을 명쾌하게 구분 짓기가 불가능하다. 그러므로 우리는 그 내용을 찬찬히 음미해 봄으로써 그런 메아리들의 타당성을 확인할 수밖에 없다.

2. 역사가 에릭 홉스봄은 1789년부터 1991년까지의 근현대 세계 역사를 네 권의 책으로 기술했는데, 여기서 그는 이 시기에 벌어진 가장 극적인 변화를 다음과 같이 언급한다. "[그 변화는 곧] 사회적인 관계들의 오래된 패턴이 해체되었다는 것이다. 그리고 이와 함께 각 세대들 사이의 연결 고리가 끊어지는 일이 부수적으로 찾아왔다. 곧 과거와 현재 사이의 이음새가 단절된 것이다."[*The Age of Extremes: The Short Twentieth Century, 1914-1991* (London: Abacus, 1994), 15]. (『극단의 시대』 까치글방).

3. 여기서 우리는 오늘날의 그리스도인들이 폭력을 사용하거나 무기를 들 수 있는지 여부에 관해 논하려는 것이 아니다. (이 책의 저자인 우리 두 사람은 실제로 그 문제들에 관해 서로 의견이 다르다.) 하지만 적어도 구약의 여호수아에게 그렇게 행할 의무가 있었다는 점만은 분명하다.

4. 복음서의 모든 본문 가운데서도 특히 누가복음 17:22-37에서는 홍수로 인한 대격변이나 불과 유황, 롯의 아내가 소금 기둥이 된 일 등에 관해 언급하고 있다. 그리고 예수님이 이런 측면에서 구약의 가르침을 바로잡고 계신다는 어떤 이들의 견해를

이 본문의 내용과 조화시키기는 쉽지 않다. 여기서 내가 언급한 마르키온주의는 곧 예수님 안에서 자신을 계시하신 하나님이 구약의 신과는 근본적으로 다르다는 사상이다.

5. 플레밍 러틀리지는 최근에 집필한 다음의 저서에서, 모든 종류의 서로 다른 속죄 모티프들을 하나로 통합시키는 동시에 그 모티프들이 어떻게 성경 안에서 공존하고 있는지를 설득력 있게 보여준다. Fleming Rutledge, *The Crucifixion: Understanding the Death of Jesus Christ* (Grand Rapids, MI: Eerdmans, 2015).

6. 이 점에 관해 좀 더 심원한 예를 들어보자면 이렇다. 현재 바울 학계에서는 하나의 중대한 토론이 진행되고 있다. 곧 바울이 전한 복음이 그리스도께서 이스라엘의 오랜 이야기를 성취하신 이임을 강조한다는 이들과, 하나님이 이 세상에서 행하신 새롭고 극적인 일로서 그리스도를 보내셨음을 강조한다는 이들 사이에 논쟁이 벌어지고 있다. 하지만 출애굽 이야기는 이 둘 모두가 진실임을 파악할 수 있게 돕는 놀라운 사고의 틀을 제공한다. 출애굽 당시, 하나님은 이스라엘 백성을 노예 상태에서 해방시키기 위해 극적이며 전혀 선례가 없는 방식으로 자신의 일을 행하셨다. 이와 동시에 그분은 이를 통해 자신이 오래전에 아브라함에게 주셨던 약속을 성취하셨던 것이다. 그러므로 출애굽 사건은 '묵시적인' 동시에 '언약적인' 성격을 지닌다. 곧 그보다 앞서 벌어졌던 일들과 그 사건 사이에는 연속성과 불연속성이 모두 존재하는 것이다. 그리고 예수님이 행하신 일들 역시 이와 마찬가지이다. 톰 라이트가 흔히 언급하는 방식대로 이 점을 표현하자면, "하나님은 역사 속에서 충격적이고 놀라우며 당혹스러운 방식으로 일해 오셨다. 그리고 그분은 자신이 그렇게 행하실 것임을 늘 우리에게 말씀해 오셨던 것이다." Andrew Wilson, "Tom Wright Skewers the New Marcionism", *Think* (blog), May 29, 2013, http://thinktheology. co.uk/blog/article/tom_wright_skewers_the_new_marcionism/.

02. 첫 번째 만찬

1. Charles Taylor, *A Secular Age* (London: The Belknap Press of Harvard University Press, 2007), 58.

04. 신들의 싸움

1. D. A. Carson, *Scandalous: The Cross and Resurrection of Jesus* (Wheaton, IL: Crossway, 2010), 100-101.

05. 참된 자유

1. 다음의 책에 실린 포스트먼의 서문을 보라. Neil Postman, *Amusing Ourselves to Death: Public Discourse in the Age of Show Business* (New York: Penguin, 1986). (『죽도록 즐기기』 굿인포메이션).

06. 여정의 끝

1. 예를 들어 Joshua Ryan Butler, *The Skeletons in God's Closet: The Mercy of Hell, the Surprise of Judgment, the Hope of Holy War* (Nashville: Thomas Nelson, 2014), 207-302를 보라.

08. 러시아 인형들

1. 당시의 관습에 따르면, 여성의 오빠에게는 그녀에게 구혼을 청하는 이들의 자격을 심사할 책임이 있었다(예를 들어 창 24:29-31, 50-51, 60, 34장을 보라). 그러므로 아브람이 사래의 오빠라는 말을 들었을 때(이후에 드러나는 바와 같이 이는 한편 사실이었다), 바로는 그저 그의 아내이자 누이인 사래를 자신의 궁으로 데려갈 것이 아니라 마땅히 그 오빠인 아브람의 허락을 구했어야만 했다. 또한 당시에는 힘 있는 자들이 어떤 이들의 아내를 취하기 원할 때 쉽게 그 남편을 살해하곤 했던 것으로 보인다. 그러므로 이때 아브람이 이런 속임수를 쓴 의도는 자신의 아내와 가정을 모두 보호하려는 데 있었다. 곧 그는 바로의 입장에서 '걸리적거리는' 사래의 남편이 되어 곧바로 죽임을 당하기보다, '마땅히 존중받아야 할' 그녀의 오빠가 되어 시간을 벌고자 했던 것이다. 이런 아브람의 의도는 그저 자신의 목숨만 부지하려던 것이 아니었다.

10. 하나님과 씨름하기

1. C. S. Lewis, *The Horse and His Boy* (Glasgow: Fontana Lions, 1980), 139. (『말과 소년』 시공주니어)

11. 보호의 날개

1. 이 점을 지적해 준 피터 레이하르트에게 감사한다. 그가 쓴 다음의 글들을 보

라. Peter Leithart, "When Gentile Meets Jew: A Christian Reading of Ruth and the Hebrew Scriptures", *Touchstone Magazine*, May, 2009, http://www.touchstonemag.com/archives/article.php?id=22-04-020-f and "The Structures of Ruth", *Biblical Horizons Newsletter* 45, January 1993, http://www.biblicalhorizons.com/biblical-horizons/no-45-the-structures-of-ruth/.

14. 출애굽의 끝?

1. 다음의 글에서 열왕기상 1-14장의 내용에 대한 아모스 프리쉬의 흥미로운 고찰을 살펴보라. Amos Frisch, "The Exodus Motif in 1 Kings 1-14", *Journal for the Study of the Old Testament* 87 (2000), 3-21.
2. Peter Leithart, *1 & 2 Kings*, SCM Theological Commentary on the Bible (Grand Rapids, MI: Brazos Press, 2006), 56-58.

15. 엘리야와 엘리사

1. 열왕기상 18:41의 내용을 출애굽기 24:9-11과 비교해서 살펴보라.

16. 하나님이 펴신 팔

1. 이 주제들을 더 자세히 살피기 위해서는 다음의 글을 보라. Nevada Levi DeLapp, "Ezekiel as Moses—Israel as Pharaoh: Reverberations of the Exodus Narrative in Ezekiel", in R. Michael Fox, ed., *Reverberations of the Exodus in Scripture* (Eugene, OR: Pickwick Publications, 2014), 51-73.

17. 부림절과 정결

1. 에스라와 느헤미야가 서로 동시대에 속한 이들인데도 불구하고 이 두 차례의 귀환이 90년의 간격을 두고서 일어났다는 점은 우리에게 다소 당혹감을 줄 수 있다. 그러나 이런 일이 가능한 이유는 다음과 같다. 곧 에스라서 전반부의 여섯 장이 과거, 즉 고레스 왕이 칙령을 내렸던 시기(주전 538년)를 그 배경으로 하는 반면, 그 후반부의 네 장과 느헤미야서 전체는 주전 450년대와 440년대를 그 배경으로 삼기 때문이다.

2. 여기서 언급되는 에스라-느헤미야서와 출애굽기-민수기 사이의 유사점들은 구약에서 가장 당혹스러운 본문 중 하나인 다음의 구절을 이해하는 데도 도움을 줄 수 있다. 이는 곧 에스라서에서 다른 민족과의 결혼을 금지하고 이방 민족 출신의 아내들과 그 자녀들을 내쫓기로 한 구절이다(스 9-10장, 느 13장 참조). 많은 독자들은 이 구절에서 다른 민족과의 교제를 철저히 금지하고 이미 성립된 가족 관계를 갈라놓는 조치를 시행한 내용들을 읽으면서 불편한 마음을 느끼곤 한다. 하지만 이 본문의 문맥에 담긴 세 가지 단서들을 살필 때, 우리는 이 일이 당시의 문제를 다루기 위한 하나의 특수한 방편이었음을 알게 된다. (1) 우리는 이 본문에서 출애굽의 메아리들이 나타나는 것을 파악할 수 있다. 이 구절의 문맥에서, 이방 여인과의 통혼은 출애굽 때의 이스라엘 백성이 약속의 땅으로 들어가기 직전에 모압 족속과 함께 음행을 저질렀던 일을 상기시키기 때문이다. 출애굽 당시에는 이에 대한 하나님의 심판으로 2만 4,000명의 이스라엘 백성이 전염병에 걸려서 죽은 바 있다(민 25장, 고전 10장 참조). (2) 느헤미야는 이스라엘 백성이 하나님 앞에서 하나의 언약을 확증한 직후에(느 10장), 그 언약의 규정들을 하나씩 모두 어기기 시작했다고 설명한다(느 13장). 곧 이방 족속과 통혼하지 말 것과 안식일을 지킬 것, 성전과 그 사역자들을 후원할 것이 그 규정들이다(10:30-39). 이 본문에서 그 백성이 언약의 규정들을 하나씩 위반해 나간 일은 출애굽 당시에 그들이 시내 산에서 금송아지를 숭배했던 일을 떠올리게 한다. (3) 에스라 9:1에서 열거되는 이방 족속들의 목록은 그 자체로서 인상적이다. 이는 그 내용이 앞서 출애굽 당시에 이스라엘 백성이 가나안 땅에서 쫓아내야 했던 족속들의 목록을 상기시키기 때문이다. 에스라-느헤미야서에서는 이스라엘 백성의 귀환을 일종의 가나안 재정복과 같은 일로 묘사하고 있다. 그렇기 때문에 하나님과의 언약을 신실하게 지키는 일, 그리고 이방 족속의 신들을 받아들이기를 거부하는 일은 더욱 중요한 것이 된다.

18. 정점을 향하여

1. 창세기와 출애굽기에서 언급된 이스라엘 백성과 마찬가지로, 예수님은 그분 자신의 안전을 위해 이집트로 내려갔다가 다시 돌아오셨는데, 이 일은 예수님이 하나님께 사랑받는 이임을 드러내 준 사건이다(호 11장). 이스라엘 백성이 바벨론 제국에 포로로 끌려갔을 때 있었던 일과 마찬가지로, 예수님이 이스라엘 땅을 떠나셨을 때 예루살렘 주변의 지역들에서는 비극적인 사건이 벌어져서 사람들이 애곡하는 일이 수반되었다. 하지만 예수님이 그 땅을 떠나셨던 일은 새 언약이 개시되기 위해 꼭 필요한 과정이었다(렘 31장).

2. 예를 들어 다음의 책을 보라. Richard Hays, *Echoes of Scripture in the Gospels* (Waco: Baylor, 2016), 20-24.

3. 마태복음 9:36의 어구는 민수기 27:17에 있는 구절을 그대로 가져온 것이다.

4. 이 두 이야기에는 모두 칼에 관한 언급과 "내가……왔느니라"라는 어구가 포함되어 있는데, 이 점은 중요한 의미를 지닌 것일 수 있다. Simon Gathercole, *The Preexistent Son: Recovering the Christologies of Matthew, Mark, and Luke* (Grand Rapids, MI: Eerdmans, 2006), 164를 참조하라.

19. 예수님의 출애굽

1. Alastair Roberts, "Transfigured Hermeneutics—Transfiguration and Exodus", *reformation 21*, December 18, 2015, http://www.reformation21.org/blog/2015/12/transfigured-hermeneutics-tran.php/.

2. 유다가 예수님께 입을 맞춤으로써 그분을 배신한 사실 역시 다윗의 때에 요압이 행한 일을 상기시킨다(삼하 20:9).

21. 바울의 복음

1. 바울의 글들에 나타나는 출애굽의 주제에 관해서는 N. T. 라이트의 여러 책들을 참조하라. 그중에서도 특히 *Paul and the Faithfulness of God* (London: SPCK, 2013), 774-1042(『바울과 하나님의 신실하심』 크리스천다이제스트), *The Day the Revolution Began* (London: SPCK, 2016), 227-351(『혁명이 시작된 날』 비아토르)을 살펴보기 바란다.

2. 다만 복음의 결과를 언급할 때, 바울은 지금 우리가 '그리스도 안에' 있다는 어법을 주로 사용한다. 그러므로 그의 사상적인 중심에 놓인 것은 바로 이 '그리스도 안에 있음'의 주제일 수도 있다. (그리고 이 주제는 그리스도가 거둔 승리나 그분의 대속적인 죽음, 속량과 화목의 사역 등의 개념과 긴밀하게 연관되어 있다.)

3. 어떤 판본들에는 유다서 5절에서 '주'라는 표현을 유지하고 있다(개역개정판의 경우에도 그러하다—옮긴이). 하지만 사본상의 증거들이 지니는 무게는 원문의 표현이 "예수"였음을 시사한다.

4. 출애굽기 본문에서 이집트인들은 계속 바로의 "노예들" 또는 "종들"로 언급되고 있다. 출애굽기 7:10, 20; 8:3, 4, 9, 11, 21, 29, 31; 9:14, 20, 30, 34; 10:1, 6, 7; 11:3, 8; 12:30; 14:5을 참조하라(개역개정판에는 바로의 "신하들"로 되어 있다—옮긴이).

5. David Foster Wallace, *This Is Water: Some Thoughts, Delivered on a Significant Occasion, on Living a Compassionate Life* (New York: Little, Brown & Company, 2009). (『이것은 물이다』 나무생각)

6. 하이델베르크 요리문답, 제1주일. 강조는 필자가 덧붙였다.

22. 만물의 출애굽

1. William Williams, "Guide Me, O Thou Great Jehovah", 1745.

2. 나아가 우리는 이렇게 언급할 수 있다. 요한계시록에서 재앙의 숫자를 세는 두 차례의 정황을 보면, 먼저 세 번의 재앙이 임한 뒤에(9:18) 일곱 번의 재앙이 뒤따른다(15:1). 그러므로 그 재앙들은 전부 합쳐서 열 가지가 되며, 이 점 역시 출애굽의 이야기와 상응하는 것이다. 이 장 전체의 내용이나 이 주제에 관해서는 Peter Leithart, *Revelation*, 2 vols. (London: T&T Clark, 2017)을 참조하라.

3. J. R. R. Tolkien, *The Lord of the Rings* (London: HarperCollins, 2005), 951. (『반지의 제왕』 황금가지)

4. C. S. Lewis, *The Last Battle* (New York: Collier, 1970), 183. (『마지막 전투』 시공사)

5. Fyodor Dostoevsky, *The Brothers Karamazov* (London: Wordsworth, 2007), 257. (『카라마조프가의 형제들』 민음사)

6. Lewis, *The Last Battle*, 167.

찾아보기

출애굽의 메아리

출애굽의 메아리

출애굽의 메아리